Sa Lumière,
Sa Puissance,
Sa Présence,
Sa Gloire

Par

Dr. Russ Moyer

Sa lumière, Sa Puissance, Sa présence, Sa Gloire
Copyright © 2019 – Russ Moyer
TOUS DROITS RÉSERVÉS

A moins que cela soit mentionné autrement, toutes les références Bibliques proviennent de la Bible Thompson Qui a été publiée à l'origine en anglais sous le titre : Thompson Chain0References Bible. Cette Bible a été publié en anglais en 1983 (Nouvelle Version Internationale) par B.B. Kirkbride Bible Company, Indianapolis, Indiana. L'édition française est publiée en 1990 par les Éditions Vida, Floride, conjointement avec B.B. Kirkbride Bible Company.

La version française et tout le matériel d'étude Thompson a été réalisé par les Éditions Vida et représente la propriété intellectuelle exclusive de la maison d'édition. Ce matériel ne représente pas le point de vue théologique des propriétaires du texte biblique : L'Alliance biblique universelle et la Société biblique française.

Texte biblique de la Colombe et notes : Copyright 1978 de la Société biblique française. Petite concordance de la Bible : Copyright 1989 aux Éditions Vida. Miami, Floride.

Dessins graphiques et cartes : Copyright 1989 aux Éditions Vida, Miami, Floride.

Cette version française de *Sa Lumière, Sa Puissance, Sa Présence, Sa Gloire* a été traduite de l'anglais par Marlène Bilodeau

Publié par :
McDougal & Associates
18896 Greenwell Springs Road
Greenwell Springs, LA 70739
www.thepublishedword.com

ISBN: 978-1-7750528-7-6

Imprimé à la demande aux États-Unis, au Royaume-Uni et en Australie
Pour distribution mondiale

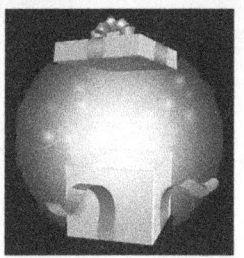

Présenté À :

_____

Par :

_____

En ce jour :

_____

Message :

_____

_____

_____

_____

Avant-propos par Pat Francis

Juste avant son ascension au ciel, Jésus a donné un grand encouragement à ses disciples avec la promesse, « *Mais vous recevrez une puissance, celle du Saint-Esprit survenant sur vous, et vous serez mes témoins à Jérusalem, dans toute la Judée, dans la Samarie et jusqu'aux extrémités de la terre* » (Actes 1.8). Cette promesse leur a donné de l'espoir et un objectif passionnant. Leur Maître les quitterait, mais ils ne seraient pas seuls et sans espoir. Ses paroles apportèrent des souvenirs débordants d'attentes.

Le Saint-Esprit est aussi descendu sur Marie et l'a remplie de gloire. Jésus, Fils de Dieu, est venu dans son sein et pendant neuf mois, Jésus, le Sauveur du monde avec la puissance du salut, la Lumière du monde pour détruire les ténèbres, la présence de Dieu dans la chair et l'Espoir de la Gloire pour le monde, a vécu dans Marie. Elle était un vase de gloire.

Les disciples dans la Chambre Haute ont attendu en priant, avec une grande foi et en obéissance, louangeant

Sa lumière, Sa Puissance, Sa présence, Sa Gloire

et jeûnant…jusqu'à ce que leur recherche de Dieu atteigne un point de bascule qui déclencha la gloire manifeste de Dieu. Le Saint-Esprit est venu, exactement comme cela fut promis. Il est d'abord venu comme un souffle violent et ils entendirent le bruit. Il s'est ensuite manifesté en langues de feu au-dessus de chaque disciple priant avec foi, et ils le virent. Ensuite il « *vint sur eux* » comme il le fit sur Marie, et Jésus est venu en eux à partir de ce moment. C'est de cette manière que le mystère fut révélé… « *Christ en vous, l'espérance de la gloire* » (Colossiens 1.27). Ces croyants du premier siècle sont devenus des vases de gloire, transportant Sa Présence, avec Sa Lumière, Sa Puissance et Sa Gloire. Ils reçurent la puissance et devinrent puissants, glorieux, lumière du monde.

Maintenant, tous les croyants en Christ ont l'immense privilège de devenir des vases de *Sa Lumière, Sa Puissance, Sa Présence, Sa Gloire*.

Il a promis :

> *Moi je suis la lumière du monde ; celui qui me suit ne marchera point dans les ténèbres, mais il aura la lumière de la vie.* Jean 8.12

La promesse nous rend confiants, que même si les ténèbres augmentent dans notre monde, nous n'avons rien à craindre.

Avant-propos par Pat Francis

Mais vous recevrez une puissance, celle du Saint-Esprit survenant sur vous… Actes 1.8

Cette promesse nous rend puissants, avec l'habileté et la force de compléter sa mission et dessein prophétique.

Et voici, je suis avec vous tous les jours, jusqu'à la fin du monde. Matthieu 28.20

Cette promesse nous rend confiants que sa présence est toujours avec nous.

Et moi, je leur ai donné la gloire que tu m'as donnée, afin qu'ils soient un comme nous sommes un. Jean 17.22

Cette promesse fait de nous un vase d'espoir et de salut.

Vous allez être inspirés et fortifiés en lisant ce livre. Vous vivez pour un temps tel que celui-ci, avec le dessein et la destinée en Christ, d'être un vase avec Sa Lumière, Sa Présence, Sa Puissance, Sa Gloire !

Dr. Russ est un apôtre, un prophète ainsi que le père spirituel de nombreux leaders Chrétiens. Il est un pionnier et a participé à plusieurs mouvements de Dieu. Il demeure prêt à entendre et apporter la Parole,

Sa lumière, Sa Puissance, Sa présence, Sa Gloire

que le Seigneur a pour son Église et le monde, pour maintenant. Il est respecté par ses pairs pour son don de sagesse et de précision de la prophétie. Je suis privilégiée que Dr. Russ et son épouse Mave Moyer soient mes amis personnels.

Pat Francis
Pat Francis Ministries
Kingdom Covenant Ministries

Dédicace

Je veux dédicacer ce livre, *Sa Lumière, Sa Puissance, Sa Présence, Sa Gloire*, au Patrimoine de la Famille Heflin. J'ai été merveilleusement béni par l'héritage de cette famille ointe. Ces pionniers, qui ont été dans le ministère depuis 60 ans, ont laissé un héritage riche et profond pour tous ceux impliqués et ont eu un impact significatif sur l'ensemble du Corps de Christ.

Ils ont porté un manteau prophétique avec une énorme révélation de la dimension de la Gloire, un cœur pour les nations et un amour pour Israël. Nous honorons ces pionniers qui ont labouré la terre et semé des « *des graines de vie* » en Esprit que nous avons récoltées.

Wallace Heflin, Sr.
Edith Heflin
Wallace Heflin, Jr.
Ruth Ward Heflin
Dr. William A. Ward

Je dédie aussi ces pages à toute la famille et tout le personnel de Calvary Pentecostal Campground, et particulièrement à Pasteur Jane Lowder. Mave et moi personnellement, ainsi que tous ceux de Eagle Worldwide Ministries, avons été profondément impactés et inspirés par vous tous. Nous demeurons pour toujours reconnaissants pour cette alliance divine et des fruits qu'elle a produits.

Remerciements

J'aimerais remercier les personnes suivantes pour leur temps et leur assistance dans la production et la publication de *Sa Lumière, Sa Puissance, Sa Présence, Sa Gloire* :

Linda Cove pour son aide avec le graphisme et le design.
Barbara Buis pour son assistance en bureautique et la transcription.
Miguel Simon pour la coordination entre le média et les communications.
Les partenaires, amis et employés de Eagle Worldwide Ministries pour leur soutien dans la prière et leur fidélité.

Un remerciement très spécial à **Harold McDougal** de McDougal & Associates pour son temps, son énergie et son attention pour ce projet. Il a continué à aller de l'avant et à m'encourager dans des moments clés. Son expérience étendue en édition et son travail avec de nombreux ministres de Dieu et auteurs furent une véritable mine d'informations et de bénéfices pour nous.

C'est un plaisir de travailler avec lui et il a été d'une grande contribution.

Ma merveilleuse épouse **Mave** mérite tellement plus qu'un simple remerciement. Elle a marché avec moi, non seulement dans ce projet, mais à travers des saisons très difficiles de la vie et du ministère. Une partenaire fidèle, une amie, une aide, mon âme sœur, mon épouse et la mère de nos enfants naturels et spirituels. Elle fut encore une fois inspirée par le Seigneur pour la couverture et le titre de ce livre. Elle a aussi écrit la préface et aidé à la mise en forme et l'édition. Mave, je ne fais pas que te remercier, je t'aime, je t'apprécie et je remercie Dieu pour toi chaque jour. Tu es un cadeau impressionnant de la part Dieu en cette saison de ma vie.

Nous aimerions remercier notre chère fille spirituelle, soeur dans le Seigneur et collègue dans le ministère **Marlène Bilodeau**, pour la traduction en français. Marlène est la pasteur principale et l'autorité Apostolique du Refuge sous ses ailes-Québec. Elle est une membre précieuse de la famille de Eagle Worldwide Ministries Network et une ambassadrice de confiance de la Coalition Internationale des Leaders Prophétiques (ICPL). Nous remercions Dieu pour Marlène et notre relation et nous attendons avec avec joie tout ce qu'il fera dans nos vies alors que nous continuerons à marcher ensemble en unité et dans l'amour.

Endossements pour
Sa Lumière, Sa Puissance,
Sa présence, Sa gloire

Dr. Russ Moyer a été mon père spirituel et mentor depuis huit ans. Ses enseignements et son exemple m'ont démontré l'importance de consulter le Seigneur dans chaque situation. Lorsque nous recherchons *Sa Lumière, Sa puissance, Sa Présence, Sa Gloire,* nous recevons la direction parfaite dans chaque saison de notre vie.

Dr. Robert D. Corvino, 11
Pensacola, Florida

✑

Russ Moyer est l'une des personnes les plus solides que je connaisse. Ses enseignements au sujet de la persévérance de s'en tenir aux fondements essentiels de notre foi, tout en consultant Dieu pour les nouvelles choses qu'il a pour nous en ce vingt et unième siècle, constituent une parole à point pour notre temps et cette heure. J'aime travailler avec Dr. Russ et Pasteur Mave parce qu'ils sont tellement respectueux de ce qui nous a conduit à l'endroit où nous sommes présentement, mais qu'ils ont aussi tellement faim de voir plus de choses encore dans les temps qui sont devant nous. Je recommande de tout mon cœur le nouveau livre de Russ, *Sa Lumière, Sa Puissance, Sa Présence, Sa Gloire.*

Joshua Mills
International Glory Ministries
Palm Springs, California

✺

Le livre de Dr. Russ Moyer, *Sa Lumière, Sa Puissance, Sa Présence, Sa Gloire,* va vous amener plus près de Dieu lorsque vous allez prendre le temps de le lire, de le méditer et de l'étudier. Vous ne pouvez pas vous tenir dans la gloire de Dieu sans avoir rencontré Sa Lumière, Sa Puissance et Sa Présence. Ce livre va vous aider à voir ces quatre caractéristiques distinctes de Dieu dans une nouvelle dimension.

Dr. Jane Lowder, Pasteur
Calvary Pentecostal Tabernacle and Campground
Ashland, Virginia

✺

Je recommande grandement ce livre *Sa Lumière, Sa Puissance, Sa présence, Sa Gloire.*

J'ai eu le privilège de connaître, marcher à travers la vie et voyager avec Dr. Russ pendant deux décennies jusqu'à maintenant. C'est un homme d'une grande intégrité et d'une grande faim dans sa relation avec le Seigneur. Son cœur pour le surnaturel le motive à rechercher le Seigneur pour sa présence manifeste, sa puissance et sa gloire. Ce livre est né de cette profonde passion.

Frères et sœurs, il y a plus. La religion sèche et morte ne va pas nous aider présentement. Nous avons besoin de Dieu comme jamais auparavant. Si vous êtes affamés et désespérés pour plus de Dieu, alors ce livre va vous équiper, vous mettre au défi et vous encourager dans ces temps périlleux. Vous serez incapables de le déposer. Il va allumer en vous une nouvelle faim pour l'intimité avec le Seigneur et une passion pour atteindre ceux qui sont perdus.

Pasteur John Irving
The Gathering Place of All Nations
Aurora, Ontario, Canada

Et tous furent frappés de la grandeur de Dieu. Tandis que chacun était dans l'admiration de tout ce que faisait Jésus, il dit à ses disciples. Pour vous, prêtez bien l'oreille à ces paroles.

— *Luc 9.43-44*

Table des Matières

Avant – Propos par Pat Francis 5
Préface par Pasteur Mave Moyer 19
Introduction 23

1. Le Dessein de Sa Puissance 31
2. La Puissance de sa Croix 61
3. La Puissance de Sa Résurrection 91
4. La Puissance de Son Sang 98
5. La Puissance de Son Nom 108
6. La Puissance de Son Esprit 139
7. La Puissance de Sa Parole 150
8. La Puissance de l'Unité 160
9. La Puissance d'acquérir la Richesse 169
10. Né dans la Puissance 180
11. Allez dans la force que vous avez 197
12. La Tribu des Affamés 208
13. La Puissance de Gagner 217

Page de Contact de L'auteur 228

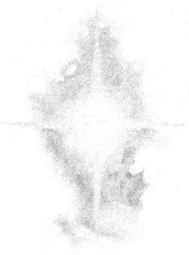

Préface par Pasteur Mave Moyer

Dans ma réflexion au sujet des choses que nous voyons aujourd'hui autour du « monde de l'église », je suis extrêmement consciente que de nombreux « croyants » rejettent fermement tout avertissement prophétique quel qu'il soit au sujet de toutes les sortes de troubles ou tempêtes qui s'en viennent. Nombreux sont ceux, qui non seulement se contentent, mais recherchent aussi une parole qui les fera se sentir bien. L'église Nord-Américaine est la plus grande assemblée de « fais-moi-me-sentir-bien » que nous ayons jamais connue. Des messages de motivation et couverts de sucre en poudre remplissent l'air et les oreilles sont à l'écoute de la chair et non de l'Esprit.

J'ai entendu la sonnerie d'une sirène au loin et j'ai su que nous sommes dans le calme avant la tempête. Il y a une tempête que s'en vient, et nous, en tant que croyants, devrions être alertes et prêts afin d'être « le lieu sûr » au milieu de celle-ci. Au milieu du chaos, des cyclones et des catastrophes, nous nous préparons pour voir le Plus Grand Spectacle sur Terre – Sa Gloire, Sa Présence. Elles vont augmenter au fur et à mesure que la connaissance de ces choses va remplir la terre à travers l'enseignement, la révélation et l'impartition.

Il y a une invasion « céleste » qui s'en vient alors que le Saint-Esprit prend charge des rencontres d'adoration et des croisades. Les cœurs vont être conquis et en admiration devant la merveille de Dieu lorsque sa présence manifeste va les remplir jusqu'au débordement.

J'ai vu un flambeau avec des flammes qui brûlaient brillamment et qui bougeaient de l'extérieur vers l'intérieur, produisant l'effet d'une seule flamme, et j'ai su que Dieu se manifestait dans les générations n'en faisant qu'une. La sagesse des anciens, les ressources de ceux qui sont au mi-temps de la vie, l'énergie et la vigueur des jeunes constitue la recette Céleste pour un mouvement de Dieu solide et durable. Cependant, de nombreux chrétiens « vivent leur vie » et font tout ce qui leur semble amusant et les rend heureux, mettant de côté toutes les limites et les restrictions. Ils ont besoin « d'être libérés de leur liberté ».

> *Nous voyons une attitude prédominante : « Relaxe, Dieu est la grâce, il est ton Papa, et nous sommes ses enfants ; il veut que nous soyons*

Préface par Pasteur Mave Moyer

heureux et ayons du bon temps. » L'Évangile n'est pas un modèle d'irresponsabilité et nous aurons des comptes à rendre pour la manière dont nous aurons marché.

D'autant que vous savez en quel temps nous sommes : c'est l'heure de vous réveiller enfin du sommeil, car maintenant le salut est plus près de nous que lorsque nous avons cru. La nuit est avancée, le Jour approche. Dépouillons-nous donc des œuvres des ténèbres et revêtons les armes de la lumière. Marchons honnêtement, comme en plein jour, sans excès de table ni de boisson, sans luxure ni dérèglement, sans discorde ni jalousie. Mais revêtez-vous du Seigneur Jésus-Christ, et ne vous mettez pas en souci de la chair pour en satisfaire les convoitises. Romains 13.11-14

Il s'est produit un grand virage et l'apostolique authentique est en train de renaître au milieu de beaucoup de chaos et de tourments. La nouvelle outre est en préparation pour recevoir le vin nouveau. Le temps est venu, pour le Saint-Esprit, de consumer notre être et pour la Maison de Dieu de briller avec la lumière de Sa gloire et Sa présence comme nous l'avons seulement imaginé. Des langues de feu vont apparaître, des déversements surnaturels et les « soudainement » de Dieu vont faire éruption partout.

Au cœur de ces jours de noirceur, *Sa Lumière, Sa Puissance, Sa Présence, Sa Gloire* seront des caractéristiques distinctives du restant de l'Église qui se lève.

Mave Moyer

Introduction

Ce livre est le résultat d'une parole que le Seigneur a commencé à me donner autour de Roch Hachana en 2018. Il m'a dit que 2019 serait une année d'espoir et de guérison et cela est devenu notre thème pour le Camp d'Hiver de 2019. Le 3 janvier, les gros titres de *USA Today* était L'ESPOIR MONTE. L'histoire portait sur la ville de Austin, Indiana, qui avait de nombreux problèmes avec la dépendance à la drogue et le VIH et SIDA (contractés par les aiguilles servant à la drogue). Un très haut pourcentage de la population avait été affecté, incluant des gens d'affaires, des femmes, des mères et des personnes de tous les groupes d'âge. Cela avait duré pendant dix ans, mais alors, il y a plusieurs années, une des églises locales a commencé un programme appelé « Célébrer le Rétablissement », et ce programme a fait changer les choses. L'ESPOIR MONTE…C'était là dans les gros titres. Le monde séculier confirmait la prophétie des temps de la fin et dans les jours à venir, nous pouvons nous attendre à

Sa lumière, Sa Puissance, Sa présence, Sa Gloire

entendre encore plus de gens du *monde parler au sujet des choses reliées à la prophétie des temps de la fin. Dieu confirme Sa Parole* !

Alors que nous abordons la dernière ligne droite dans les jours à venir, nous allons voir s'accomplir des choses absolument stupéfiantes, car nous vivons dans des temps incroyables. Cependant, nous ne devons pas perdre le prix de vue. J'ai constaté récemment que plusieurs églises parlent au sujet de la puissance de Dieu et d'autre parlent au sujet de sa présence. Je crois que les deux vont ensemble. Nous pouvons avoir la puissance ainsi que la présence de Dieu.

Je me réjouis de la puissance de Dieu et je me réjouis de la présence de Dieu. Sa présence est sa gloire, la présence manifeste du Dieu vivant. Il se manifeste en puissance, il se manifeste lui-même dans l'amour, et il se manifeste lui-même dans la réalité, et il fait tout cela selon son plan et son objectif divins.

Nous pouvons reconnaître la puissance de Dieu de plusieurs manières. Il y a, par exemple, la puissance de sa croix, il y a de la puissance dans son sang, il y a de la puissance dans son nom, il y a de la puissance dans son Esprit, il y a de la puissance dans sa Parole, celle écrite et celle parlée, et il y a de la puissance dans sa présence.

Il y a de la puissance dans nos déclarations et nos proclamations. Quand vous, son enfant, déclarez quelque

Introduction

chose, il va l'établir, et quand vous faites une déclaration prophétique à travers les dons de l'Esprit (qui font aussi partie de la puissance de Dieu), cette déclaration se manifeste et confirme sa présence.

C'est ce dont l'auteur du livre de Hébreux parlait ; la puissance et la présence de Dieu manifestée et devenue réelle :

> *Comment échapperons-nous, si nous négligeons un si grand salut ? Ce salut, annoncé à l'origine par le Seigneur, nous a été confirmé par ceux qui l'ont entendu, Dieu appuyant leur témoignage par des signes, des prodiges, des miracles variés et par des communications du Saint-Esprit selon sa volonté.*
>
> Hébreux 2.3-4

Lorsque nous parlons du réveil, nous parlons de la présence manifeste de Dieu devenant réelle pour nous et Dieu faisant des choses miraculeuses parmi nous pour changer nos vies. Il fait cela stratégiquement, pour accomplir ses propres plans et desseins.

Il y aussi de la puissance dans la prière, puissance manifestée lorsque vous venez en accord avec d'autres croyants et soudain vous voyez votre puissance augmenter. Et, finalement, il y a de la puissance pour acquérir la richesse qui est tellement importante pour financer le Réveil. Dans les jours à venir, ceux qui sont appelés à acquérir la richesse pour bâtir le Royaume recevront en vision des stratégies, des concepts et des plans pour soutenir les ministères, les œuvres missionnaires et les projets qui vont avoir un impact, étendre et faire avancer le Royaume de Dieu. Tout cela nous attend en Christ Jésus.

Notre Dieu est puissant :

L'Éternel est un guerrier. L'Éternel son nom.
Exode 15.3

Nous avons besoin d'en connaître plus au sujet de la puissance de notre Dieu. Il est plus qu'un conquérant et nous sommes plus que des conquérants à travers lui. Il est un homme de guerre et le Seigneur est son nom. Il combat pour nous même maintenant et il est le Dieu des miracles, des signes et des prodiges. Il est le même hier, aujourd'hui et pour toujours.

Au fil des années, les gens sont venus à nos églises parce qu'ils ont entendu dire que la puissance de Dieu était parmi nous. Si nous cessions de pousser pour recevoir la puissance de Dieu, sous toutes ses formes, les gens cesseraient de venir.

L'ennemi va toujours faire tout ce qu'il peut pour nous empêcher d'avoir la puissance de Dieu. Ceux qui ont marché avant nous ont été sévèrement persécutés. Ils croyaient

Introduction

en la puissance quand personne d'autre y croyait. Ils ont ouvert une piste pour nous à travers un ministère rempli de l'Esprit ici chez nous et aussi dans les nations du monde. Ils ont payé le prix pour recevoir la puissance de Dieu dans leurs vies et leurs ministères. Cela ne vient jamais facilement.

La grande Katherine Kuhlman a dit qu'elle mourait des milliers de morts pour avoir le ministère qu'elle avait, et si vous et moi voulons servir Dieu dans toute sa puissance et sa présence, nous allons devoir faire de même. Il y a non seulement un prix à payer pour vivre dans cette dimension de la puissance et de la présence, mais nous devons activement combattre pour elle, même se battre pour elle.

Ne cédez jamais à l'esprit de religion qui va constamment travailler contre vous. Lorsqu'il n'y a que la prédication et l'enseignement sans la manifestation de l'Esprit à travers les dons spirituels, nous allons éventuellement n'avoir rien de plus qu'une religion, même si elle est présentée sous différentes formes. Nous avons besoin de la puissance et de la présence de Dieu.

Personnellement, je veux plus de la puissance et de la présence de Dieu, et je ne vais pas me résoudre à avoir l'une sans l'autre. Dieu cherche des hommes et des femmes de foi qui sont prêts à se battre pour l'accomplissement des promesses de sa Parole. Il n'a pas peur et n'est pas intimidé par notre foi de croire pour le surnaturel et les

Sa lumière, Sa Puissance, Sa présence, Sa Gloire

dons de l'Esprit. Bien au contraire, il est touché par notre foi. Notre foi lui plaît.

Notre ministère est né et a été bâti par la puissance et la présence de Dieu. Les gens sont venus à notre camp, dans nos églises et à nos rencontres spéciales pour connaître et rencontrer Dieu. Nous ne pouvons jamais nous satisfaire de moins. Sinon, nous deviendrons seulement une autre église, uniquement un autre groupe religieux.

Il ne s'agit pas d'un bon enseignement, d'une bonne prédication, d'une bonne musique et de bonnes conférences ; il s'agit de rencontrer la puissance et la présence du Dieu vivant et à travers cette expérience faire des fils et des filles. N'oublions jamais cela et ne soyons jamais satisfaits avec moins. Combattons plutôt pour accomplir les œuvres, plus grandes que les siennes, dont Jésus a parlées dans Jean 14 et la gloire encore plus grande qui est à venir.

J'ai eu l'honneur et le privilège d'être assis sous quatre ministères extrêmement puissants et de servir avec ceux qui ont compris la dimension de la gloire et ont opéré dans cette dernière. J'ai servi avec Ruth Ward Heflin et Jane Lowder au Calvary Pentecostal Campground à Ashland, Virginia, où la présence de Dieu était cultivée par la louange et l'adoration, et la révélation de la gloire qui en a résultée s'est étendue autour du monde.

J'ai servi avec Joan Gieson, dans son propre ministère d'amour et à Benny Hinn Ministries, où elle a été mon

Introduction

mentor dans la prière pour la guérison des malades dans la gloire.

J'étais à Pensacola, Floride pendant plus de trois ans durant le grand mouvement de l'Esprit à Brownsville Revival et j'ai servi dans l'équipe d'intercession sous l'autorité de Lila Terhune et aussi dans la prière pour ceux qui s'avançaient pour la prière. J'ai bénéficié du merveilleux enseignement et des prédications ointes des ministères de John Kilpatrick, Steve Hill, Dr. Michael Brown et Paul Wetzel. Là, dans la présence glorieuse et transformatrice de Dieu, des millions de personnes de partout dans le monde ont trouvé Christ ou sont tombées en amour avec lui à nouveau par sa glorieuse présence, sa puissance et son amour qui les conduisirent à la repentance.

Ensuite, j'ai rencontré Pat Francis, qui a eu une grande révélation du *chayil*, la puissance de la gloire de Dieu, et comment taper dans sa présence produit des résultats tangibles dans le ministère et aussi dans les domaines d'influence de notre société, nous transformant en combattants et serviteurs efficaces comme Gédéon du temps passé et les premiers disciples de Jésus. Je vais élaborer sur ce sujet dans un autre chapitre. Merci à Dieu que nous puissions trouver tout cela dans *Sa Lumière, Sa Puissance, Sa Présence, Sa Gloire*.

Russ Moyer
Les États-Unis et le Canada

Une pensée à retenir

IL NE S'AGIT PAS D'UN BON ENSEIGNEMENT, D'UNE BONNE PRÉDICATION, D'UNE BONNE MUSIQUE ET DE BONNES RÉUNIONS ; IL S'AGIT DE RENCONTRER LA PUISSANCE ET LA PRÉSENCE DU DIEU VIVANT ET À TRAVERS CETTE EXPÉRIENCE DE PRODUIRE DES FILS ET DES FILLES.

Chapitre 1

Le Dessein de Sa Puissance

Ce n'est ni par la puissance, ni par la force, mais par mon Esprit, dit l'Éternel des armées.
                                                    Zacharie 4.6

J'aime ce que Leonard Ravenhill a dit : « Moins une église a de la puissance, plus il y a du divertissement. Si nous accomplissons les œuvres de Dieu dans les voies de Dieu et dans le temps de Dieu avec la puissance de Dieu, nous recevrons la bénédiction de Dieu. » Le prophète Zacharie l'a mieux dit. Ce n'est pas par notre puissance, mais sa puissance, la puissance de l'Esprit. Vous et moi avons donc besoin de cette puissance et devons combattre fort pour cela.

Jésus a prêché avec cette puissance. Il a prêché l'Évangile du Royaume, mais il l'a prêché avec puissance et autorité. Ses enseignements n'étaient en rien semblables

Sa lumière, Sa Puissance, Sa présence, Sa Gloire

à ceux des scribes et des pharisiens ou qu'aucun autre enseignant de son temps. Ces hommes étaient de l'établissement de la religion, mais Jésus avait été envoyé par Dieu lui-même. Jésus a dit :

> *Tout arbre qui ne produit pas de bons fruits est coupé et jeté au feu. C'est donc à leurs fruits que vous les reconnaîtrez. Quiconque me dit : Seigneur, Seigneur ! n'entrera pas forcément dans le royaume des cieux, mais celui-là seul qui fait la volonté de mon Père qui est dans les cieux.* Matthieu 7.19-21

Jésus était un prédicateur confrontant et controversant. Il prêchait avec puissance. Il prêchait avec autorité. Il prêchait avec les signes, les prodiges et les miracles qui l'accompagnaient. Il chassait les démons et guérissait les malades. Ce septième chapitre de Matthieu conclut :

> *Quand Jésus eut achevé ces discours, les foules restèrent frappées de son enseignement, car il les enseignait comme quelqu'un qui a de l'autorité et non pas comme leurs scribes.*
> Matthieu 7.28-29

Le Dessein de Sa Puissance

Non, Jésus ne prêchait pas comme les membres de l'établissement religieux de son temps. Il a parlé comme quelqu'un ayant l'autorité légitime. Il comprenait la puissance et l'autorité qui lui avaient été données, il comprenait comment se l'approprier. Il comprenait comment prêcher l'Évangile du Royaume et, en même temps, comment utiliser la puissance que Dieu lui avait donnée pour apporter un changement, chasser les démons, imposer les mains aux malades, pour produire la dimension miraculeuse par les signes, les prodiges et les miracles. Et, merci à Dieu, il est le même hier, aujourd'hui et éternellement !

Dieu n'a pas changé. Quand Jésus a quitté la terre, Dieu n'a pas cessé de faire des miracles. Il est dans les affaires du miracle et le surnaturel est naturel pour lui. Lorsqu'il se présente, le surnaturel se produit.

A quoi cela ressemblait-il à l'époque de Jésus ? Jetons-y un coup d'œil :

> *Ils se rendirent à Capernaüm. Et, le jour du sabbat, Jésus entra dans la synagogue et se mit à enseigner. Ils étaient étonnés de son enseignement ; car il enseignait comme ayant autorité et non comme les scribes.* Marc 1.21-22

Jésus est allé à la synagogue ce jour-là parce cela était sa coutume, mais la plupart des miracles qu'il a accomplis n'étaient pas accomplis dans la synagogue. La plupart de ces derniers étaient accomplis sur la place du marché. Il a parlé en paraboles et notez que ces dernières étaient orientées vers le marché du travail. Je crois fermement que le prochain grand mouvement de l'Esprit de Dieu ne se produira pas dans une bâtisse d'église, même qu'il se produira à travers l'Église, la famille de Dieu. Il va se produire sur le marché du travail. L'Église était destinée à être un endroit d'équipement et de fortification d'où les croyants seraient propulsés. Le prochain grand mouvement de Dieu va être un réveil sur le marché du travail.

Regardez de qui est arrivé ce jour-là avec de Jésus :

> *Il se trouvait justement dans leur synagogue un homme possédé d'un esprit impur, et qui s'écria : que nous veux-tu, Jésus de Nazareth ? Tu es venu nous perdre. Je sais qui tu es : le Saint de Dieu. Jesus le menaça : Tais-toi et sors de cet homme. L'esprit impur sortit de cet homme dans une convulsion et en poussant un grand cri. Tous furent saisis de stupeur, de sorte qu'ils se demandaient les uns aux autres : qu'est-ce que ceci ? Une nouvelle doctrine donnée avec autorité ! Il commande même aux esprits impurs, et ils lui obéissent.* Marc 1.23-27

Le Dessein de Sa Puissance

La délivrance fut une grande partie du ministère de Jésus parce qu'il savait qui il était et il connaissait la puissance et l'autorité qu'il avait. Il chassait les esprits malins, et nous aussi, sommes appelés à les chasser en son nom.

Ensuite Marc a rapporté :

> *Et sa renommée se répandit aussitôt dans toute la région de la Galilée.* Marc 1.28

Pourquoi la popularité de Jésus s'est-elle répandue aussi vite ? Parce qu'il prêchait avec la compréhension, la puissance et l'autorité qui lui avait été données par le Père. Il savait qui il était et il manifestait la puissance de cette connaissance.

Le livre de Marc se termine par ces paroles puissantes :

> *Et ils s'en allèrent prêcher partout. Le Seigneur travaillait avec eux et confirmait la parole par les signes qui l'accompagnaient.* Marc 16.20

Paul n'était pas l'un des premiers disciples de Jésus, mais lui aussi prêchait avec puissance, autorité et démonstration de l'Esprit. Il pressa donc les autres croyants à être remplis de la puissance de l'Esprit :

Sa lumière, Sa Puissance, Sa présence, Sa Gloire

Pendant qu'Apollos était à Corinthe, Paul, après avoir traversé les hauteurs du territoire, se rendit à Éphèse. Il rencontra quelques disciples et leur dit : Avez-vous reçu l'Esprit Saint quand vous avez cru ? Ils lui répondirent : Nous n'avons même pas entendu dire qu'il ait un Esprit Saint. Il dit : Quel baptême avez-vous donc reçu ? Ils répondirent : Le baptême de Jean. Alors Paul dit : Jean a baptisé du baptême de repentance ; il disait au peuple de croire en celui qui venait après lui, c'est-à-dire en Jésus. Sur ces paroles, ils furent baptisés au nom du Seigneur Jésus. Paul leur imposa les mains et le Saint-Esprit vint sur eux ; il se mirent à parler en langues et à prophétiser. Actes 19.1-6

Ce n'est pas que ces hommes n'étaient pas des croyants ; ils en étaient. Cependant, ils ne connaissaient rien au sujet du Saint-Esprit. Ils ne comprenaient pas sa puissance. « Il y a un autre baptême », leur dit Paul, au-delà du baptême dans l'eau. C'est un baptême de feu et de puissance dans le Saint-Esprit. » Ils en avaient besoin alors, et nous en avons besoin maintenant.

Lorsqu'ils prièrent ce jour-là, il arriva la même chose que dans la Chambre Haute à Jérusalem, le Saint-Esprit est venu sur les premiers disciples. Ces hommes ont reçu les mêmes manifestations ou dons

Le Dessein de Sa Puissance

de l'Esprit, le parler en langues et la prophétie. Ce jour-là la puissance de Dieu est devenue réalité pour eux. Et nous avons besoin d'un nouveau baptême de feu dans l'église aujourd'hui, un nouveau baptême du Saint-Esprit et de puissance.

Paul était lui-même un homme très instruit. En fait, il fut assis aux pieds du maître le plus respecté de son temps. Regardez ce qu'il a tout de même dit :

> *Pour moi, frères, lorsque je suis chez vous, ce n'est pas avec une supériorité de langage ou de sagesse que je suis allé vous annoncer le témoignage de Dieu. Car je n'ai pas jugé bon de savoir autre chose parmi vous, sinon Jésus-Christ, et Jésus-Christ crucifié. Moi-même j'étais auprès de vous dans un état de faiblesse, de crainte et de grand tremblement ; ma parole et ma prédication ne reposaient pas sur les discours persuasifs de la sagesse, mais sur une démonstration d'Esprit et de puissance, afin que votre foi ne soit pas fondée sur la sagesse des hommes mais sur la puissance de Dieu.*
>
> 1 Corinthiens 2.1-5

En d'autres mots, Paul n'était pas venu à Corinthe en tant que conférencier éloquent ou même un grand enseignant. Il aurait pu faire cela, mais il choisit de ne pas le faire. Au lieu de cela, il choisit de venir à eux avec la crainte du Seigneur. Il est venu avec la compréhension et la démonstration de l'Esprit, et c'est ce qui produit des résultats à chaque fois.

Paul a choisi de s'éloigner de la connaissance intellectuelle qu'il avait reçue et de revenir plutôt à la simplicité du témoignage de Jésus Christ et sa crucifixion. Il y a de la puissance dans votre témoignage. Comme Jean a dit :

Le témoignage de Jésus est l'esprit de la prophétie.
Apocalypse 19.10

C'est pourquoi nous devons prêcher la Parole de Dieu dans la simplicité, mais aussi avec puissance et démonstration. Lorsque nous faisons cela, notre foi ne repose pas sur la sagesse des hommes, mais sur la puissance de Dieu. C'est la puissance de Dieu qui accomplit le travail chaque fois.

Nous avons parfois des enseignants et des prédicateurs éloquents et sans nous en rendre compte, nous nous prosternons devant celui-ci et le suivant, lorsque tout ce que nous avons vraiment besoin de faire est de se prosterner devant le trône de Jésus Christ, lui qui fut crucifié. La puissance du Dieu vivant est ce dont nous avons tous besoin aujourd'hui.

Le Dessein de Sa Puissance

Si on se tourne vers ce qui semble bon (et j'aime le bon enseignement et la saine doctrine), comment pouvons-nous savoir si c'est seulement de la connaissance intellectuelle ? Nos enseignements doivent provenir d'une personne qui maintient une relation intime avec le Seigneur Jésus-Christ, et être accompagnés de la démonstration de la puissance de Dieu. Je veux des confirmations de la part du Saint-Esprit. Il confirme encore sa Parole aujourd'hui, comme il le faisait dans les premiers temps du Nouveau-Testament.

Les gens du monde moderne n'ont pas besoin que nous compliquions l'Évangile. Certains pensent qu'ils ont besoin d'entendre des choses qu'ils ne comprennent pas afin d'être mis au défi. En ce qui me concerne, c'est la simplicité des choses que je comprends qui me met au défi. L'humilité et la crainte de l'Éternel sont toujours valides en ce vingt et unième siècle. C'est la simplicité de l'Évangile qui représente sa plus grande force.

Lorsque Paul a parlé des temps de la fin, il l'a fait avec une grande conviction. Croyez-vous vraiment dans votre cœur que nous sommes dans les temps de la fin ? Paul a écrit à Timothée :

> *Sache que, dans les derniers jours, surgiront des temps difficiles.*   2 Timothée 3.1

Sa lumière, Sa Puissance, Sa présence, Sa Gloire

Et bien, les temps périlleux sont ici.

Paul a continué :

> *Car les hommes seront égoïstes, avares, vantards, hautains, outrageux, désobéissants à leur parents, ingrats, sans pitié, sans affection naturelle, implacables, calomniateurs, incontinents, cruels, n'aimant pas le bien, traîtres, téméraires, enflés d'orgueil, amis des voluptés plutôt qu'amis de Dieu, ayant la forme de la piété, mais en ayant renié la puissance. Or détourne-toi de telles gens.*
> 2 Timothée 3.2-5

Cela ne décrit-il pas la vie sur la planète terre aujourd'hui ? Cela décrit spécialement la vie en Amérique du Nord aujourd'hui.

«*Sans affection naturelle*» fait référence à l'homosexualité et le lesbianisme, qui sont endémiques dans notre société. Ce « style de vie », peut maintenant être plus acceptable pour la société en général, mais cela demeure toujours un péché aux yeux de Dieu, peu importe comment c'est présenté. L'homosexualité n'est pas un péché différent de tout autre péché. Par exemple, il n'est pas pire que le péché de fornication que commettent les hétérosexuels lorsqu'ils ont des relations en dehors du mariage. Le péché est le péché, et c'est l'ennemi de Jésus-Christ.

Le Dessein de Sa Puissance

Le péché que je dois confronter dans ma propre vie n'est pas différent. Le péché, peu importe sa forme, est le péché. Il n'y a pas un péché qui est plus grand, plus gros ou plus noir qu'un autre. Il n'y a pas de petits et de gros péchés. Le péché est le péché.

L'ennemi de Jésus-Christ est notre ennemi aussi et nous devons le voir comme tel. Notre Dieu est un Dieu saint et il s'attend à ce que nous vivions une vie sainte. Il nous a donné des armes de combat afin que nous soyons capables de tout surmonter. Nous devons alors nous approprier ce qu'il nous a donné. Il nous a donné le sang de Jésus-Christ pour nous purger de toutes choses mortes et il nous a donné son Esprit pour nous garder propre et complet.

Nous devons confronter les choses mortes, car elles vont nous conduire à la mort. Proverbes nous enseigne :

> *Telle voie paraît droite à l'homme, mais à la fin, c'est la voie de la mort.*   Proverbes 14.12

La puissance de Jésus-Christ peut vous purger de toutes les œuvres mortes. Alors, nous devons savoir que la vie est dans le sang et que par conséquent, le sang a le pouvoir d'enlever le péché. Nous devons traiter le péché de la manière que Dieu nous enseigné de le traiter. Sa Parole dit :

Sa lumière, Sa Puissance, Sa présence, Sa Gloire

> *Si nous confessons nos péchés, il est fidèle et juste pour nous pardonner nos péchés et nous purifier de toute injustice.* 1 Jean 1.9

Apprenez à combattre avec les armes de guerre que lui-même vous a données. La guerre ne se trouve pas uniquement quelque part au Moyen-Orient ou dans des parties de l'Afrique. Elle est ici et maintenant, et elle se produit à l'intérieur de moi et à l'intérieur de vous. Si vous ne le croyez pas, alors, je crains que vous soyez dans un endroit appelé « Tromperie ». Cette bataille fait rage et l'ennemi est déchaîné.

Quand Paul a cherché à décrire, aux Thessaloniciens, à quoi ressembleraient les temps de la fin, il a commencé par ces mots :

> *Que personne ne vous séduise.*
> 2 Thessaloniciens 2.3

Jésus a enseigné que cette tromperie se répandrait dans les derniers jours et que même les élus pourraient être trompés :

> *Car il s'élèvera de faux christs et de faux prophètes, ils opèreront de grands signes et des prodiges au point de séduire si possible même les élus.* Matthieu 24.24

Le Dessein de Sa Puissance

Il n'y a pas si longtemps, il y a des gens qui marchaient dans le véritable Évangile de Jésus-Christ, mais qui sont aujourd'hui trompés. Plusieurs d'entre eux, même s'ils croient encore à leur salut, ne marchent pas dans la puissance. Ils sont comme Paul les a décrits à Timothée, « *Ils garderont la forme extérieure de la piété, mais ils en renieront la puissance* » (2 Timothée 3.5). Le conseil de Paul à Timothée était : « *Éloigne-toi de ces hommes-là* ». Qu'est-ce que des vies, vécues dans un tel compromis, peuvent apporter de bon ? Ces personnes « *renient la puissance* » de Dieu. Si vous allez bien aujourd'hui, des ennemis vont « sortir des boiseries » et vous menacer à chaque détour. Tenez bon à votre foi en Dieu et combattez pour sa puissance à chaque jour.

Ces personnes savaient que Dieu existait et ils ont nié sa présence. Ce qu'ils ont nié est sa puissance. Nous avons besoin des deux. Ils avaient la forme extérieure de la piété, mais c'est clairement insuffisant. C'est la religion pour vous ; cela renie la puissance de Dieu. Dès que vous tombez à l'endroit où vous ne combattez plus afin que Dieu et sa puissance soient révélés – la puissance pour gagner, la puissance pour tout surmonter, la puissance pour sauver, la puissance pour délivrer, la puissance pour délivrer les captifs – vous êtes à risque de tomber dans la religion. Vous ne pouvez pas vous permettre de renier la puissance de Dieu, parce que c'est l'onction de Dieu qui brise le joug et délivre les captifs.

Nous avons besoin de la puissance. Nous avons besoin de la puissance pour changer des vies autour de nous. Cela se produit uniquement par la puissance et la présence de Dieu.

« *Éloigne-toi de ces hommes-là,* » a écrit Paul. En d'autres mots, fuis ! Sauve-toi rapidement de cette influence mortelle ! Ne soyez pas contaminés par l'esprit de religion ! La religion va combattre contre le mouvement de Dieu, comme aucun autre esprit. Il va combattre contre le réveil, et nous avons besoin du réveil.

Leonard Ravenhill a déjà dit, « La seule raison pour laquelle nous n'avons pas le réveil est que nous sommes prêts à vivre sans ce dernier. » Nous devons nous battre et combattre pour avoir des temps et des saisons de réveil et de rafraîchissement. Nous avons besoin du déversement de l'amour de Dieu dans nos églises respectives, mais nous en avons aussi besoin pour nos familles.

Battons-nous pour la puissance de Dieu. Il ne s'est pas sauvé ou n'est pas parti dans un endroit très éloigné. Tel que dit, il est le même hier, aujourd'hui et pour toujours et il est prêt à se montrer fort en notre faveur. Nous devons simplement continuer à passer au travers de toutes les guerres et les oppressions démoniaques ainsi que toutes les persécutions que nous subissons sur une base régulière. C'est tout simplement la manifestation du fait que vous faites la bonne chose. Alors, continuez ce que vous faites. Ceux qui aiment et qui font confiance au Seigneur Jésus-Christ peuvent s'attendre à être persécutés (Voyez 2 Timothée 3.12).

Paul a continué :

> *Il en est parmi eux qui s'introduisent dans les maisons et qui captivent certaines femmes chargées de péchés, et agitées par des passions variées ; elles apprennent toujours sans pouvoir jamais arriver à la connaissance de la vérité.*
>
> 2 Timothée 3.6-7

Paul décrit des personnes qui étaient toujours en train d'en apprendre au sujet de Dieu, mais qui pourtant ne le connaissaient pas vraiment. Ils n'avaient pas une relation avec le Créateur. Ils en ajoutaient toujours à leurs connaissances, mais ce n'était pas la connaissance de qui il est et de ce qu'il représente. Le connaître de cette manière requière une relation personnelle. Ces personnes « *apprenaient toujours,* » et cela semble bon, alors, comment pouvons critiquer cela ? Parce qu'ils n'étaient jamais capables d'en venir à la connaissance de la vérité, jamais vraiment capables d'avoir une connaissance autre que superficielle au sujet du Dieu dont ils parlaient tellement.

Sa lumière, Sa Puissance, Sa présence, Sa Gloire

Un peu plus loin dans ce chapitre, Paul parle de la bataille qu'il a personnellement traversée. Vous et moi sommes parfois au milieu d'une bataille, et les gens peuvent nous voir dans notre faiblesse ; mais, lorsque nous sommes faibles, notre Dieu est fort. Personnellement, j'ai eu deux sérieuses batailles avec un cancer au stade quatre. Mes médecins m'ont dit, «Va-t'en chez toi et mets toutes tes affaires en ordre. » Au lieu de cela, je suis allé chez moi et j'ai commencé à prendre des rendez-vous pour aller faire du ministère. Je n'ai fait aucun arrangement avec les pompes funèbres. J'ai plutôt fait des arrangements avec celui qui relève : Jésus-Christ. Je mène toujours le combat, mais gloire à Dieu, je me sens de plus en plus fort chaque jour et j'ai un rapport de mes médecins qui dit que je suis complètement guéri.

Soyez prêts, car vous aussi serez persécutés. Vous aurez des épreuves et des tribulations. Vous allez rencontrer des problèmes. Cela est tout à fait normal et vient avec le territoire. Ne laissez rien de tout cela vous ébranler. Continuez à combattre pour la dimension miraculeuse, le surnaturel – les signes, les prodiges et les miracles.

Paul a écrit :

> *Pour toi, tu as suivi de près mon enseignement, ma conduite, mes résolutions, ma foi, ma patience,*

Le Dessein de Sa Puissance

> *mon amour, ma persévérance, mes persécutions, mes souffrances. À quelles souffrances n'ai-je pas été exposé à Antioche, à Iconium, à Lystre ? Quelles persécutions n'ai-je pas supportées ? Et le Seigneur m'a délivré de toutes. Tous ceux d'ailleurs qui veulent vivre pieusement en Christ-Jésus seront persécutés.*   2 Timothée 3.10-12

« Tu sais qui je suis » disait Paul, « et ce que j'ai traversé. » Le fait que Paul a souffert ces choses ne veut pas dire qu'il était « en dehors de la volonté de Dieu », comme certains croient. Il était persécuté parce qu'il servait Dieu. Il savait ce que cela était, une bataille dans laquelle il se trouvait pour le moment, et il savait que Dieu était capable de le garder à travers celle-ci. Il a donc enduré et le Seigneur l'a délivré « *de toutes* ».

La plupart d'entre vous qui lisez ceci savez exactement de quoi Paul parle. Vous avez eu vos propres batailles. Vous avez eu des épreuves, des tribulations, des afflictions et des persécutions. Certains d'entre vous avez souffert aux mains des membres de votre propre famille. Certains ont souffert au niveau de leur santé, d'autres au niveau des finances ou d'autres choses. La chose importante à se rappeler est ceci :

Sa lumière, Sa Puissance, Sa présence, Sa Gloire

Il fait lever son soleil sur les méchants et sur les bons, et il fait pleuvoir sur les justes et les injustes. Matthieu 5.45

Qu'est-ce que cela veut dire ? Cela signifie que nous passerons tous par des tests et des épreuves. Cependant, ceux qui choisissent de suivre Christ, seront la cible d'attaques particulièrement sévères.

L'ennemi (le diable) n'avait aucune raison de s'opposer à moi lorsque je le servais. J'accomplissais ses œuvres. Mais, comme le dit Paul, « *Tous ceux d'ailleurs qui veulent vivre pieusement en Christ-Jésus seront persécutés.* »

Attendez-vous à la persécution, mais attendez-vous aussi à ce que la puissance de Dieu soit avec vous pour surmonter chaque épreuve quelle qu'elle soit.

Quand quelqu'un que vous connaissez traverse une grande épreuve ou une saison sombre dans sa vie, ne sautez pas à la conclusion que c'est parce qu'il manque de foi ou qu'il soit en dehors de la volonté de Dieu. Dans plusieurs cas ce ne sera pas le cas. S'ils ont recherché la face de Dieu pour le voir agir encore plus, cela peut être juste une attaque de l'ennemi pour les en empêcher. Soutenez-les et soyez un vrai frère ou une vraie sœur dans leurs temps de besoin au lieu de vous détourner d'eux dans leur temps de souffrance.

Le Dessein de Sa Puissance

Ce n'est pas le moment de les condamner, les humilier ou les embarrasser auprès d'un frère et une sœur. C'est un temps pour les élever dans la prière. Dans certains cas, ils peuvent traverser des épreuves dans leur vie personnelle. Il peut s'agir d'un divorce ou d'une situation embarrassante avec leurs finances. Peu importe ce que cela peut être, c'est dans ce temps qu'ils ont le plus besoin de votre amour et de votre soutien, pas votre mépris.

L'ennemi s'oppose à nous si terriblement que nous sommes tous à un pas d'être dans un grand besoin. Nous avons donc tous besoin de la puissance de Dieu, de sa présence, de son amour, de sa miséricorde et de sa grâce dans ces moments, pas la condamnation.

Une grande grâce est parfois nécessaire pour s'aimer les uns les autres au milieu des accusations et des persécutions. Nous avons besoin de décider de se tenir fermement aux côtés de nos frères et sœurs. Nous aurons besoin de leur soutien dans nos propres temps d'épreuve.

Selon Paul, les choses de cette nature vont devenir « *pires que jamais* » :

> *Mais les hommes méchants et imposteurs avanceront toujours plus dans le mal, égarant les autres et égarés eux-mêmes.*   2 Timothée 3.13

Sa lumière, Sa Puissance, Sa présence, Sa Gloire

Pensez que Paul parlait au sujet des temps de la fin, ce que nous appelons des «temps périlleux», et ce que les croyants vont souffrir et surmonter. Quel était son conseil ?

> *Toi, reste attaché à ce que tu as appris, et qui est l'objet de ta foi ; tu sais de qui tu l'as appris.*
> 2 Timothée 3.14

Alors, nous avons besoin de retourner aux vérités fondamentales de la Parole de Dieu, ce qui nous fut enseigné, et s'y accrocher. Quelles sont les vérités fondamentales de la Parole ? La puissance de la croix, du sang, du nom de Jésus, de l'Esprit de Dieu, de la Parole de Dieu. En se rappelant ces choses nous pouvons avoir le pouvoir de surmonter et d'aider les autres à surmonter.

Ne soyez pas insensés en pensant que vous pouvez y arriver par vous-mêmes. Nous avons tous besoin de la puissance de Dieu pour surmonter ces situations. Nous avons donc besoin de retourner à nos sources de puissances, retourner à la Parole de Dieu qui est forte dans nos cœurs.

Il n'y avait, à l'origine, aucune division par des chapitres dans les lettres aux églises. Les divisions ont été ajoutées plus tard afin que nous puissions nous y retrouver dans la Bible. Dans les prochains versets, Paul charge Timothée, le commissionne et le positionne, lui disant de « *prêcher la Parole,* » etc. :

> *Je t'adjure, devant Dieu et devant le Christ-Jésus qui doit juger les vivants et les morts, et au nom de son avènement et de son royaume, prêche la parole, insiste en toute occasion, favorable ou non, convaincs, reprends, exhorte, avec toute patience et en instruisant. Car il viendra un temps où les hommes ne supporteront plus la saine doctrine ; mais au gré de leurs propres désirs, avec la démangeaison d'écouter, ils se donneront maîtres sur maîtres ; ils détourneront leurs oreilles de la vérité et se tourneront vers les fables. Mais toi, sois sobre en tout, supporte les souffrances, fais l'œuvre d'un évangéliste, remplis bien ton service.*
> 2 Timothée 4.1-5

« *Supporte les souffrances.* » Paul savait que cela arriverait invariablement. « *Fais l'œuvre d'un évangéliste, remplis bien ton service.* » Timothée allait vaincre peu importe ce qui viendrait sur son chemin par la puissance et la présence de Dieu et ensuite il continuerait à accomplir les œuvres que Dieu lui assignerait personnellement.

Sa lumière, Sa Puissance, Sa présence, Sa Gloire

Plusieurs parmi vous ont reçu un ministère dès le moment où vous avez dit oui à Jésus et vous avez toujours un ministère. Ne vous laissez pas prendre par les choses du monde parce que ce monde va essayer de vous décourager. Ce monde ne vous apportera rien d'autre que des distractions. Il apportera une fausse richesse. Il apportera un « succès » qui sera un succès uniquement dans la pensée et le cœur de l'homme.

Vient un temps lors duquel nous devons tous faire des choix. Choisirons-nous la voie de l'Esprit ou la voie du naturel ? Il y a la sagesse du monde et la sagesse divine et nous devons en connaître la différence. Il y a la volonté de Dieu et votre propre volonté et les deux sont très différentes. Nous devons connaître ses desseins pour nous dans cette saison particulière de notre vie et de quelle manière nous pouvons l'accomplir. Il y aura toujours de « bonnes choses » que nous pouvons faire, mais le bon est l'ennemi du meilleur.

Il m'est arrivé souvent, alors que je cherchais la face de Dieu, de voir des personnes qui en faisaient autant. Par la suite, soudainement, leur patron a appelé et leur a offert l'opportunité de faire du temps supplémentaire et cette « opportunité » les a distraits de la plénitude que Dieu avait pour eux et ils l'ont perdue.

Ils s'étaient peut-être écartés parce qu'ils ne pouvaient pas voir venir les bénédictions. Une fois que nous sommes devenus de vrais croyants en Jésus-Christ, il est difficile pour l'ennemi de nous tenter avec la drogue ou l'alcool, de voler ouvertement ou de commettre l'adultère, alors il utilise quelque chose de subtil, une chose qui semble « bonne » en elle-même. Cela peut même ressembler à une bénédiction, comme une réponse à la prière. Cependant, trop souvent, cette prétendue bénédiction nous vole du meilleur que Dieu a pour notre vie. Le démon utilise quelque chose de « bon » plutôt que quelque chose qui est de « Dieu ». Et, les « bonnes » choses à faire aujourd'hui ne sont pas rares. La seule bonne chose à faire constamment est la volonté parfaite de Dieu pour vous.

Je connais de nombreux ministres de Dieu qui auraient beaucoup plus de revenus en faisant autre chose. Ne doivent-ils pas à leur famille de gagner autant d'argent qu'ils le pourraient ? Cela sonne bien, mais choisir de servir Dieu, peu importe ce que cela signifie, est toujours le bon choix. Ne vous détournez pas de la volonté de Dieu pour aucune considération lorsque vous l'aurez découverte. Allez de l'avant dans sa volonté complète pour votre vie.

Ne regardez jamais derrière lorsque vous savez que vous avez fait la bonne chose. Continuez à avancer. Si Dieu vous a appelés, alors accrochez-vous à cet appel. Connaissez les dons qu'il vous a donnés et l'appel qu'il a placé sur votre vie et tenez-y. L'ennemi va faire tout ce qui est en son pouvoir pour vous faire dévier. Encore une fois, il va rarement le faire avec quelque chose de diabolique. Il va le faire avec quelque chose qui semble très bon, quelque chose qui va occuper votre temps et consumer vos talents, vous gardant loin de ce que Dieu a de meilleur.

Il n'y a qu'une chose que vous devez faire dans la vie et c'est la chose de Dieu. Laissez les autres faire les « bonnes » choses. Cela exige que vous connaissiez la volonté de Dieu et son appel sur votre vie. Par la suite, vous devez vous y accrocher sans regarder à gauche ou à droite et juste suivre Dieu.

C'est un chemin étroit et une porte droite et la personne moyenne ne veut pas y entrer. Ils peuvent faire la volonté de Dieu de la manière dont ils la voient, mais pas la parfaite volonté de Dieu, ni le grand appel de Dieu. Paul était déterminé à faire la parfaite volonté de Dieu et il encourageait Timothée à faire de même.

Courez après le grand appel de Dieu pour votre vie. Pas n'importe quel vieil appel fera l'affaire. Dieu avait un plan pour vous avant même la fondation du monde. Trouvez-le et consacrez tout votre temps et votre énergie à l'accomplir. Il peut y avoir de nombreuses portes qui s'ouvrent pour vous, mais seulement une de ces portes est le plan de Dieu pour votre vie.

Le Dessein de Sa Puissance

Les hommes peuvent vous ouvrir d'autres portes et Satan va certainement ouvrir sa part de portes pour vous. La seule porte qui va vous conduire où vous voulez vraiment aller est celle de Dieu. Puisque vous ne savez pas ce qui est le meilleur pour votre vie, soyez un bon soldat, obéissez aux ordres du Seigneur des Armées et le Seigneur de la Bataille.

Paul a averti Timothée :

> *Toi donc, mon enfant, fortifie-toi dans la grâce qui est en Christ-Jésus. Et ce que tu as entendu de moi en présence de beaucoup de témoins, confie-le à des hommes fidèles, qui soient capables de l'enseigner aussi à d'autres. Souffre avec moi comme un bon soldat du Christ-Jésus.* 2 Timothée 2.1-3

Timothée était le fils spirituel de Paul et ce dernier se sentait responsable de lui. Timothée avait été bien instruit par sa mère et sa grand-mère lorsqu'il était un jeune homme, s'en était bien acquitté depuis, gagnant le respect de plusieurs dans la communauté Chrétienne. Paul, un homme plus âgé, pouvait voir dans le futur de Timothée et savait que beaucoup choses voudraient essayer de le faire dévier de sa destinée, loin de la puissance et de la présence de Dieu.

Sa lumière, Sa Puissance, Sa présence, Sa Gloire

Timothée était un homme « *approuvé par Dieu* », un homme qui malgré sa jeunesse savait comment marcher dans la puissance de l'Esprit. Dieu l'avait donc ordonné et oint et Paul l'avait commissionné. Il lui disait maintenant comment faire pour préserver et accomplir son « *saint appel* » (2 Timothée 1.9).

Ici, dans le chapitre 2, Paul dit à Timothée qu'il doit « *souffrir* ». Paul était le même homme qui avait exprimé son désir de connaître Christ dans ses souffrances. Personnellement, je peux dire que les plus merveilleux moments que j'ai eus dans l'Esprit ont été les pires moments pour moi dans le naturel. C'est lorsque je me suis retrouvé dans les moments les plus bas de ma vie, que j'ai eu les expériences spirituelles les plus grandioses. Entrer, dans la ville, montés sur nos grands chevaux n'est pas la manière de faire. Nous devons apprendre à « *souffrir comme un bon soldat de Christ-Jésus* ».

Paul continue :

> *Il n'y a pas de soldat en campagne qui s'embarrasse des affaires de la vie, s'il veut plaire à celui qui l'a enrôlé.* 2 Timothée 2.4

Dieu vous a appelé pour être un guerrier des temps de la fin, un soldat pour le Seigneur. Quoique vous fassiez, ne vous embarrassez pas des affaires du monde.

Le Dessein de Sa Puissance

Soyez un bon soldat. Avancez. Soyez prêt à endurer l'affliction et l'épreuve. Continuez à courir après Dieu. Combattez pour la puissance afin de surmonter tout ce que l'ennemi va envoyer contre vous.

Trop souvent, nous devenons tellement empêtrés avec les choses du monde que nous choisissons de vivre l'aisance dans le pays des distractions. L'Amérique du Nord est un pays de distraction et nous avons besoin de nous battre à chaque détour parce qu'il n'y a rien que l'ennemi aimerait le plus que de nous distraire et nous décourager. Son but ultime est de nous décevoir, de nous conduire à être déçus des desseins de Dieu et de notre appel spécifique.

La déception, le découragement et le désespoir sont tous des compagnons de lit. Nous nous sentons déçus et ensuite nous devenons distraits et nous cessons d'avancer. En ce moment même, nous sommes dans une saison d'énormes batailles et d'énormes déceptions. Nous avons besoin de discerner les esprits plus que nous n'en avons jamais eu besoin. Nous devons savoir qui est Dieu, pas qui Dieu était la semaine dernière, le mois dernier ou l'an dernier, mais qui il est maintenant !

Il m'arrive souvent que des personnes viennent à moi pour me dire à quoi Dieu les a appelés. Ensuite, quelques mois plus tard, ils reviennent avec quelque chose de totalement différent et sont convaincus que

Dieu les a appelés à le faire. Le problème est que régulièrement, après quelques mois, ils semblent avoir un nouvel appel et recommencent au complet. Entre temps, il n'y a rien qui s'accomplit. Est-ce que Dieu change autant d'idée ? Je ne pense pas.

Quand Pierre a renié Christ trois fois, il devait savoir qu'il affronterait de pareilles batailles. Selon Jésus, Pierre avait juste besoin que quelqu'un prie pour lui. Comme un ami, « Je vais prier pour vous. Je sais que vous traverserez des batailles. Au lieu de vous critiquer, je vais prier pour vous. »

C'était un temps très difficile pour Pierre. Les disciples s'étaient tous dispersés, leurs espoirs et leurs rêves brisés par la crucifixion de leur Maître. Pierre avait dit aux autres, « *je vais pêcher* », (Jean 21.3). Il ne voulait pas dire qu'il allait pêcher juste pour relaxer et faire le point dans ses pensées. Il était un pêcheur de métier et cela voulait dire qu'il retournait à son ancienne vie. Lorsqu'il leur dit cela, les autres disciples ont décidé de se joindre à lui.

Quoique vous fassiez, ne retournez pas en arrière. Allez de l'avant. Attendez après Dieu et servez-le avec toute votre force et toute votre puissance. Il en est digne. Il est Vrai et Fidèle. Il est juste et ne vous laissera jamais tomber. Il est plus grand que l'or et l'argent, plus grand que les accolades des hommes. Il n'est pas question de

Le Dessein de Sa Puissance

la fortune et de la célébrité. Il est question de servir Dieu avec tout ce que vous êtes, tout ce que vous avez et tout ce que vous voulez être. Chaque espoir à l'intérieur de vous-même vient de Dieu. Utilisez-les pour sa gloire !

Personnellement, j'ai plus la faim de Dieu aujourd'hui que je ne l'ai eue dans toute ma vie. Et je veux combattre jusqu'à la fin, jusqu'au dernier moment. Je veux me battre jusqu'à la mort. La mort pour nous est une victoire. J'ai donc une situation gagnant-gagnant devant moi et je dois pousser vers cette dernière.

Nous avons la puissance pour gagner et nous ne pouvons pas perdre à moins que nous abandonnions et tournions le dos. Continuez juste à aller de l'avant et la victoire est ainsi assurée. Avec toute votre force, toute votre puissance, avec tout ce que vous avez et avec tout ce que vous espérez être, entrez dans *Sa Lumière, Sa Puissance, Sa Présence, Sa Gloire.*

Mon Père qui est au ciel,

Envoie ta puissance et ton amour. Met une faim dans nos cœurs pour ta présence, ton royaume et ta justice. Rassemble-nous, la tribu des affamés et rallume le feu en nous encore une fois !

Dans le nom de Jésus,
Amen !

―― **Une pensée à retenir** ――

IL NE S'AGIT PAS DE LA FORTUNE, NI DE LA CÉLÉBRITÉ. IL S'AGIT DE SERVIR DIEU AVEC TOUT CE QUE VOUS ÊTES, TOUT CE QUE VOUS AVEZ ET TOUT CE QUE VOUS VOULEZ ÊTRE.

Chapitre 2

La Puissance de Sa Croix

Car Christ ne m'a pas envoyé pour baptiser, mais pour annoncer l'Évangile, et cela sans la sagesse du langage, afin que la croix du Christ ne soit pas rendue vaine.   1 Corinthiens 1.17

Oui, il y a de la puissance dans sa croix, et je ne peux jamais oublier ce fait. Vers la fin de 2018, un de mes frères à Pensacola a placé une magnifique croix raboteuse dans l'église. Les croyants d'aujourd'hui doivent comprendre la croix et sa puissance. Je voulais être certain que la puissance de la croix ne serait pas en quelque sorte négligée. Cela est vraiment trop important.

Dieu révèle beaucoup de choses magnifiques à son peuple présentement, mais dans l'actualité, il n'y a rien de nouveau sous le soleil (comme Salomon l'a si bien exprimé dans Ecclésiaste). Les Écritures sont claires :

Sa lumière, Sa Puissance, Sa présence, Sa Gloire

Jésus est le même hier, aujourd'hui, et pour l'éternité.
Hébreux 13.8

Jésus est le même et la puissance de sa croix est la même. Dieu nous donne de nouveaux chants et nous révèle des choses qui ont longtemps été cachées, pas *de* nous, mais *pour* nous. Il les a réservées pour nous et nos familles, nos enfants et nos petits-enfants. Afin que nous puissions marcher dans la plénitude de notre appel en cette fin des temps. Je crois fermement que nous sommes la génération qui va ouvrir la voie à la seconde venue de Christ, et nous verrons les prophéties des temps de la fin s'accomplir devant nos yeux. Nos propres déclarations et proclamations libèrent la révélation et cette dernière libère une nouvelle puissance.

C'est la volonté de Dieu que nous allions d'une révélation à une autre, mais parfois, en cours de route, nous oublions nos racines. Nous devons revenir en arrière et toucher nos racines afin d'accomplir notre destinée. Nous devons savoir qui nous sommes et d'où nous venons, et découvrir que nous devons connaître les racines de qui Jésus est, comment il travaille et ce qu'il fait. Notre Dieu est un Dieu d'ordre et de structure, et nous devons respecter cet ordre et cette structure.

Ce fait n'est pas restreignant. Nous avons vu la puissance de Dieu déferler parmi nous, et une manifestation de ses dons. Les gens sont touchés et guéris lorsque cela se produit.

Mais dans tout cela, il y a un ordre divin absolu. Cela peut sembler un peu chaotique pour l'œil naturel, mais ne l'est pas du tout. Lorsque la puissance de Dieu se manifeste parmi nous, quelque chose de merveilleux se produit toujours et ce, selon un ordre divin.

Dieu sait exactement ce qu'il fait et il a établi des modèles, des places et des choses que nous pouvons faire pour accéder à sa puissance. Encore une fois, cela ne nous restreint pas. Dieu veut que nous accédions à cette puissance. Il veut que chacun de nous marche pleinement dans sa puissance et sa présence. En fait, il y a une génération qui est relâchée présentement, en accord avec Habaquq 2.14, qui va apporter la connaissance de la gloire du Seigneur autour du monde afin que la terre entière soit couverte avec cette connaissance. Qu'est-ce qui pourrait être plus merveilleux ?

Ésaïe a aussi parlé de toute la terre étant couverte avec la gloire du Seigneur. Habaquq a dit que le monde serait rempli avec la *connaissance* de la gloire du Seigneur. Cela signifie qu'il y aura une compréhension de la gloire de Dieu et de sa présence parce que l'Église des temps de la fin a effectivement besoin de marcher dans la puissance et la présence de Dieu.

Nous avons donc besoin de connaître les vérités fondamentales de notre foi et nous avons aussi besoin de connaître les grandes choses révélatrices que Dieu est en train de faire dans notre génération. Par conséquent, nous devons être capables d'entendre sa voix clairement afin d'obéir et manifester cette révélation, ce mandat, ce destin prophétique que l'Église des temps de la fin transporte.

C'est un grand honneur de faire partie de l'Église des temps de la fin. En fait, l'apôtre Paul souhaite maintenant d'être où nous sommes, même s'il est dans la présence du Seigneur. Ce sont les jours que chaque prophète a prophétisés et a attendus. Nous sommes cette génération choisie et alors ils souhaitent d'être ici présentement.

Il y a des personnes qui disent qu'elles auraient voulu aller où Paul a marché et pouvoir marcher avec lui. Ils n'ont pas dû bien lire les histoires de la Bible correctement parce que les choses sont devenues très difficiles pour lui à certains moments. Des parties de votre parcours peuvent ne pas être faciles non plus. Soyez prêts, peu importe ce qui arrive. Votre parcours ne sera certainement pas une promenade dans le parc. Il y aura de l'opposition et il y aura des persécutions. Mais les plus grandes bénédictions de Dieu viennent au milieu de la persécution.

Paul désirait profondément connaître Christ « *ainsi que la puissance de sa résurrection* » (Philippiens 3.10). En d'autres mots, il voulait connaître Jésus vivant. Vous pouvez connaître le Seigneur dans la puissance de sa résurrection et dans ses souffrances uniquement en passant par vos propres épreuves, tribulations et persécutions. Je veux que vous sachiez que le Seigneur est avec vous, peu importe ce que vous affrontez ou allez affronter. Vous n'avez pas à combattre vos batailles seuls. Il est plus que capable de les combattre pour vous.

Nos combats ne sont pas contre la chair et le sang. Il y a des puissances et des principautés diaboliques et nous devons apprendre à les combattre avec nos armes spirituelles, non avec les naturelles. Nous devons manier nos armes spirituelles, spécialement « *l'épée de l'Esprit, qui est la Parole de Dieu* » (Éphésiens 6.17). C'est ce que Jésus a utilisé au désert pour combattre le diable et qu'il a continué à utiliser durant sa marche sur la Terre. Gardez cette épée dans une main et une serviette dans l'autre afin que vous puissiez laver les pieds de vos frères et marcher dans le pardon, avec un cœur qui est ouvert et vulnérable.

Une des choses les plus difficiles en tant que leader dans le Corps de Christ de nos jours, après que vous ayez souffert aux mains des systèmes politiques de l'église, est d'être capable d'être vulnérable encore et encore. Il y a beaucoup de mauvaises choses qui arrivent dans l'église, la faisant ressembler à juste un microcosme du monde en général. Il ne devrait pas en être ainsi. Les gens du monde souffrent d'une crise d'identité, mais la même chose est vraie pour une bonne partie de l'église. Vous et moi devons savoir qui nous sommes et ce à quoi nous sommes appelés. Nous sommes le peuple de la croix.

Sachez que vous pouvez être blessé dans l'église au même titre que vous pouvez être blessé dans les activités

Sa lumière, Sa Puissance, Sa présence, Sa Gloire

quotidiennes de la vie en général. Vous devez surmonter la blessure si vous voulez avancer et vous ne l'avez pas vraiment surmonté si vous ne devenez pas à nouveau vulnérable. Si vous avez souffert dans des relations passées, soit dans le mariage ou les affaires, vous n'aurez jamais de succès dans une nouvelle relation tant que vous n'aurez pas surmonté les blessures du passé et ne vous êtes pas rendu à nouveau vulnérable.

Nous avons tous entendu le fameux dicton. « Les gens blessés blessent les autres. » Vous devez d'abord être guéris de vos blessures passées et ensuite vous devez ouvrir votre cœur et devenir vulnérable aux autres à nouveau. Sinon, vous allez passer votre vie dans l'amertume et l'échec.

En tant que leaders, nous avons la situation la plus difficile. Dans Proverbes 4.7, le Seigneur nous dit d'acquérir la sagesse, puisque c'est «*un principe.* » Cependant, plus loin dans ce chapitre, il dit, «*par-dessus tout* », signifiant même au-dessus de la sagesse, « *garde ton cœur* » (Proverbes 4.23). Votre cœur doit être préparé et ouvert à la réconciliation et la restauration, ce qui est une marque de la grande saison que nous traversons présentement.

Encore une fois. Cette église des temps de la fin ne doit pas perdre le contact avec ses fondements et l'un d'entre eux est la puissance de la croix. Paul était inquiet « *afin que la croix du Christ ne soit pas rendue vaine* » (1 Corinthiens 1.17). Il y a des choses qui peuvent nier la puissance de Dieu et deux d'entre elles sont nos traditions et notre culture. Elles peuvent rendre la Parole de Dieu « *vaine* ».

La sagesse de l'homme n'est pas en accord avec la sagesse de Dieu. Parfois, lorsque nous recherchons la sagesse, nous regardons aux mauvais endroits. Il y a une immense différence entre la sagesse du monde et la sagesse spirituelle.

Cela ne veut pas dire que le fruit de la sagesse spirituelle va vous rendre plus sages dans les choses du monde. En fait, la Bible nous dit que le monde est parfois plus sage que nous au sujet des questions du monde. Cela ne devrait pas être le cas. Nous avons le don de la parole de sagesse et nous avons l'Esprit de sagesse en nous, et cela devrait nous donner une sagesse naturelle autant qu'une sagesse spirituelle. Mais, il y a définitivement une différence entre la sagesse du monde et la sagesse divine, et nous devons en connaître la différence.

Paul a continué ainsi :

> *Car la parole de la croix est folie pour ceux qui périssent ; mais pour nous qui sommes sauvés, elle est la puissance de Dieu.*   1 Corinthiens 1.18

La puissance de la croix, la connaissance de la croix, la compréhension de la puissance de la croix devraient intéresser chacun de nous. La puissance de la croix est la puissance même de Dieu. Nombreux sont ceux qui marchent dans

Sa lumière, Sa Puissance, Sa présence, Sa Gloire

les nouvelles révélations et qui laissent la croix derrière, et nous ne pouvons pas nous permettre cela. La croix a sa place unique dans notre foi et nous ne devons pas l'abandonner.

Peu importe ce que vous faites, ne délaissez jamais la croix. Ne laissez pas votre foi derrière. C'est correct de marcher dans une nouvelle révélation, mais lorsque vous le faites, ne laissez pas les révélations fondamentales de votre foi derrière. Vous en aurez besoin dans votre prochaine saison. Quand Dieu nous donne une nouvelle révélation, il ne se débarrasse pas de quelque chose. Il nous apporte ses vérités dans une révélation fraîche, et il construit sur les fondations qui ont déjà été posées.

Plusieurs des dernières paroles de révélations sont venues de jeunes voix, mais le danger que je vois est qu'elles disent, « Allez au-delà de la croix ! » Allez au-delà est bien et bon, mais ne laissez tout de même pas la croix derrière. Elle est la pièce centrale de notre foi. Certains peuvent courir loin de la croix, mais moi, je cours vers la croix. Elle est mon seul espoir. Elle est la puissance même de Dieu. C'est l'œuvre de salut qui continue à agir dans ma vie sur une base régulière.

À partir du jour où j'ai rencontré Jésus et jusqu'au jour où il me prendra avec lui ; la croix a un rôle majeur à jouer dans ma vie Chrétienne. Oui, nous voulons le changement, oui, nous voulons recevoir plus. Oui, nous voulons avancer. Cependant, cela ne voudra jamais dire qu'il faut laisser la croix derrière.

La Puissance de Sa Croix

C'est uniquement à la croix que je peux trouver l'espoir dont j'ai besoin. C'est la place où je peux trouver le pardon dont j'ai besoin. La croix est la place d'une vie nouvelle et j'ai besoin de cette vie nouvelle aujourd'hui et demain. Je ne peux donc pas mettre la croix de côté – dans tout ce que je fais.

La croix est non seulement une place pour une vie nouvelle ; c'est une place d'une puissance à laquelle j'ai accès :

> *Aussi est-il écrit : Je détruirai la sagesse des sages, et j'anéantirai l'intelligence des intelligents.*
> 1 Corinthiens 1.19

C'est la raison pour laquelle nous ne pouvons avoir confiance en notre propre sagesse. À l'approche des derniers jours, nous aurons besoin de la sagesse qui vient de Dieu et sa sagesse seule. Il est important que nous comprenions la puissance de la croix :

Voyez les versets 22 et 23 :

> *Les juifs demandent des miracles, et les Grecs cherchent la sagesse : nous, nous prêchons Christ crucifié, scandale pour les juifs et folie pour les païens.*
> 1 Corinthiens 1.22-23

Folie ? Qu'est-ce que cela signifie ? Les Juifs étaient la communauté religieuse de l'époque et les Grecs étaient les savants, les soi-disant « experts ». Pour les juifs, la tradition était plus puissante que la croix. Pour les Grecs, ce qui arriva à la croix ne faisait aucun sens. La croix est donc devenue une pierre d'achoppement pour les Juifs et une pure folie pour les Grecs.

Lorsque vous et moi avons été confrontés par l'œuvre de la croix, le sang de Jésus versé en sacrifice pour nos péchés, cela a défié toute sagesse naturelle. Cette révélation devait être reçue avec une foi d'enfant. La sagesse du monde rejette une idée pareille.

Les Grecs étaient considérés comme étant les gens les plus intelligents de leur temps. Plusieurs étaient des philosophes, tout au sujet de la sagesse, et pour eux, la croix était pure folie. Est-ce différent aujourd'hui ? Plusieurs de nos gens les plus éduqués sont incapables de recevoir les vérités simples de notre salut et la puissance qui se trouve dans l'œuvre de la croix. Cette croix bénie est toujours une pierre d'achoppement pour plusieurs qui se considèrent comme étant sages dans ce monde. Pour vous et moi la croix représente notre espérance, notre futur. C'est la manifestation de la puissance et de la sagesse de Dieu. Cela peut paraître folie, mais « *c'est la folie de Dieu* » :

> *Mais pour ceux qui sont appelés, tant Juifs que Grecs, Christ, puissance de Dieu et sagesse de Dieu. Car la folie de Dieu est plus sage que les*

La Puissance de Sa Croix

hommes, et la faiblesse de Dieu est plus forte que les hommes. 1 Corinthiens 1.24-25

Nous avons désespérément besoin de comprendre la puissance spirituelle de la sagesse.

Plusieurs d'entre vous, qui lisent ceci, sont appelés dans le travail du ministère, ont un cœur pour l'apostolique et les cinq ministères, et sont présentement en train d'être équipés et habiletés pour le travail de service. Quand j'ai été appelé, il me semblait au début que cela était absolument impossible d'accomplir cet appel. Je n'avais tout simplement pas ce qu'il fallait. Je n'avais pas le bon fond, la bonne éducation, le bon entraînement ou la bonne expérience. Je voyais les autres capables d'accomplir un tel appel, mais pas moi. Je n'avais aucune des exigences requises. Paul a abordé de telles préoccupations :

> *Considérez, frères, comment vous avez été appelés : il n'y a parmi vous ni beaucoup de sages selon la chair, ni beaucoup de puissants, ni beaucoup de nobles. Mais Dieu a choisi les choses folles du monde pour confondre les sages ; Dieu a choisi les choses faibles du monde pour confondre les fortes ; Dieu a choisi les choses viles du monde, celles qu'on méprise, celles qui ne sont pas, pour réduire à rien celles qui sont.*
> 1 Corinthiens 1.26-28

Sa lumière, Sa Puissance, Sa présence, Sa Gloire

Tout pouvoir de ce monde va être vaincu par la puissance de Christ. Pourquoi ? Le verset 29 révèle pourquoi :

Afin que nulle chair ne se glorifie devant Dieu.
1 Corinthiens 1.29

Dieu utilise la simplicité et la folie que nous sommes, il utilise le faible et il utilise même le vase brisé. Au cœur de nos faiblesses, il se montre lui-même fort. Sa puissance est l'onction même de Dieu qui brise le joug.

Tel qu'indiqué, Paul était très éduqué, même religieusement. Il avait été aux pieds de l'un des plus grands enseignants Juifs de son temps. Mais lorsqu'il a commencé son ministère, il ne prêcha pas selon sa propre compréhension. Il prêcha la présence et la puissance de Dieu. Cela semblait stupide pour certains, mais il persistait à s'appuyer sur cette vérité au lieu de sa propre compréhension. Vous et moi devons faire de même.

Cela ne veut pas dire que nous pouvons le faire sans un entraînement solide et le bon enseignement ou que nous n'avons pas besoin de développer une bonne compréhension. Cela ne veut pas dire que nous pouvons ignorer les opportunités pour servir en tant que stagiaires, consacrant du temps à travailler sur les éléments importants de notre foi. Ces choses sont toutes des parties importantes de notre préparation.

La Puissance de Sa Croix

Pour le moment, votre don est reconnu par Dieu et l'homme, ensuite commence le processus de discipline. Vous devez vous aligner avec des enseignants qualifiés qui peuvent vous aider à aiguiser vos dons et votre appel. Ils peuvent vous équiper et aider à vous transformer en croyants puissants, et ils peuvent vous donner une plateforme où vous pouvez commencer votre développement spirituel.

Donner la plateforme à quelqu'un d'autre semble difficile pour plusieurs. Ce n'est jamais facile pour eux de s'asseoir pendant que vous occupez « leur » plateforme. C'est en partie naturel. Nous voulons tous travailler pour Dieu, mais nous ne pouvons pas tous le faire en même temps. Quelqu'un doit ouvrir la voie afin de permettre à d'autres d'émerger.

Si vous êtes réticents à donner une opportunité à d'autres, reconnaissez quel degré de l'ego et de la chair qui est au travail et prenez autorité sur cela. Commencez à avoir des pensées du royaume et à poser des actions de royaume. Ce qui est le mieux pour le royaume est que chacun ait sa part afin que tous grandissent et se développent. Si vous êtes toujours la vedette, vous allez empêcher le développement de la prochaine génération et ce qui pourrait être votre héritage.

Dites à votre chair de se soumettre à la volonté de Dieu et soyez ensuite heureux de cette décision. Ce qui est le mieux

Sa lumière, Sa Puissance, Sa présence, Sa Gloire

pour le royaume est ce qui est le mieux pour tout le peuple du royaume de Dieu. Est-ce mieux pour vous ? Bien sûr. Les Écritures sont claires à ce sujet :

> *Il y a plus de bonheur à donner qu'à recevoir.*
> Actes 20.35

Plus béni. Alors oui, c'est mieux pour vous aussi.

Cette manière de penser du royaume est l'opposé de la manière de penser du monde. Là-bas, tout est question de ce que pouvez amasser et des choses que vous pouvez posséder. Avec nous, la puissance est dans le relâchement, de donner ce qui nous a été donné afin que quelqu'un d'autre puisse développer le potentiel que Dieu lui a donné, répondre à son appel et marcher dans leur destinée.

Je crois que l'Église tourne lentement, mais c'est un gros navire, et le changement est très lent. Certains commencent à comprendre que le dessein des 5 ministères n'est pas d'être reconnu et élevé, mais bien plutôt d'équiper tous les saints, afin qu'eux aussi puissent accomplir l'œuvre du ministère.

Il y a de la puissance dans la croix et dans la simplicité de qui vous êtes, votre appel et votre onction. L'onction n'est pas compliquée ; c'est simple. Quand je prophétise sous l'onction, c'est simple. C'est facile. Si vous veniez à moi et commenciez à me parler de vos besoins spirituels, me demandant de les élever en prière, par le temps que vous en auriez nommé quatre ou cinq, je ne serais pas capable de me rappeler du premier pour lequel vous désiriez que je prie. Quand je suis dans l'Esprit et que je prie selon la direction de l'Esprit, les choses sont faites efficacement. Quand vous ne savez pas quoi dire, dites ce que Dieu dit. Il n'a pas cessé de parler et il n'a pas cessé de guérir. Prophétisez ce qu'il dit, exhortez et encouragez avec toute patience et en instruisant, et de cette manière nous nous encouragerons prophétiquement.

J'aime la puissance de Philippiens 2. Il y a des paroles que nous utilisons souvent dans notre vie chrétienne parce qu'elles sont puissantes.

> *Ayez en vous la pensée qui était en Christ-Jésus, lui dont la condition était celle de Dieu, il n'a pas estimé comme une proie à arracher d'être égal avec Dieu, mais il s'est dépouillé lui-même, en prenant la condition d'esclave, en devenant semblable aux hommes ; après s'être trouvé dans la situation d'un homme, il s'est humilié lui-même en devenant obéissant jusqu'à la mort, la mort sur la croix.* Philippiens 2.5-8

La mort sur la croix. Dans ce chapitre, il est question du pouvoir de la croix, nous devons nous rappeler que la mort est l'une des choses qui sont arrivées à la croix. Je ne peux pas vous dire toutes les choses que Dieu veut faire en vous

Sa lumière, Sa Puissance, Sa présence, Sa Gloire

et à travers vous dans les semaines, mois et années à venir, mais je peux vous dire qu'avant que tout cela se produise, il doit y avoir la mort. Jésus devait mourir pour donner sa vie et notre chair doit mourir si nous voulons transmettre sa vie aux autres. La croix parle de la mort.

La puissance de la croix peut tuer le péché et le moi. Paul a écrit :

> *Chaque jour je suis exposé à la mort.*
> 1 Corinthiens 15.31

Ce n'est peut-être pas un message très populaire, mais il est nécessaire. Cela déclare ce que Jésus nous a dit que nous devions faire :

> *Celui qui ne prend pas sa croix et ne me suit pas, n'est pas digne de moi.* Matthieu 10.38

> *Alors Jésus dit à ses disciples : Si quelqu'un veut venir après moi, qu'il renonce à lui-même, qu'il se charge de sa croix et qu'il me suive.*
> Matthieu 16.24

Cela est quelque chose que nous devons faire régulièrement, préférablement chaque jour. La puissance de la croix n'est pas uniquement pour le moment de mon salut ; elle a la puissance de nous garder pour les jours, les semaines, les mois et les années qui suivent.

La puissance de la croix est encore plus importante pour ceux qui sont appelés dans le ministère. Faire du ministère dans les dons et la puissance de l'Esprit, qui sont les dons de la grâce, exige l'accès à l'œuvre de la croix. Comment obtenons-nous plus de grâce ?

> *Dieu résiste aux orgueilleux, mais il donne sa grâce aux humbles.*   1 Pierre 5.5

Lorsqu'il y a de l'orgueil en nous, notre Dieu saint s'éloigne. Lorsqu'il y a de l'humilité en nous, cela attire sa présence. L'humilité permet le déversement de la grâce dans nos vies et le travail de la puissance de la croix. L'humilité est donc une clé importante lorsque nous recherchons la puissance qui vient à travers la croix.

Qu'est-il arrivé sur la croix ? Christ a vaincu et sa mort nous donne la puissance pour vaincre. Ce qu'il a fait sur la croix n'était pas pour lui-même. C'était pour vous et moi. Son obéissance de répondre à l'appel de la mort sur la croix a pavé le chemin pour que nous soyons victorieux chaque jour.

Ce que Jésus a souffert est inexprimable. Il a souffert la douleur, l'humiliation et la trahison et a dû le faire tout seul. Il comprend donc tout ce que nous traversons et nous

Sa lumière, Sa Puissance, Sa présence, Sa Gloire a tracé un chemin afin que nous soyons victorieux comme lui le fut :

> *C'est pourquoi aussi Dieu l'a souverainement élevé et lui a donné le nom qui est au-dessus de tout nom, afin qu'au nom de Jésus tout genou fléchisse dans les cieux, sur la terre et sous la terre, et que toute langue confesse que Jésus-Christ est le Seigneur, à la gloire de Dieu le Père.* Philippiens 2.9-11

Il est notre Seigneur. Ne confondez pas cela avec Jésus étant notre Sauveur. Notre salut vient du fait que nous croyons de tout notre cœur et confessons de notre bouche que Dieu a ressuscité Jésus-Christ d'entre les morts. En d'autres termes, nous croyons en ce est qui arrivé à la croix et à la résurrection et agissons en conséquence. C'est par la foi dans l'œuvre de la croix que nous pouvons être réconciliés avec Dieu. Alors, confessez-le comme Sauveur, mais confessez-le aussi comme Seigneur.

Qu'est-ce cela signifie ? Cela signifie que nous l'écoutons par la puissance du Saint-Esprit, et que nous serons obéissants à ce qu'il veut que nous soyons et que nous fassions. Marcher dans l'obéissance peut être difficile, mais c'est la manière de marcher la plus grande que nous puissions faire. Ce fut la manière de marcher de Jésus de la crèche au tombeau.

La Puissance de Sa Croix

Jésus a débuté la première étape de cette marche dans le Jardin de Gethsémané. Il connaissait son destin et il comprenait les Écritures. Il connaissait Ésaïe 53 :

> *Qui a cru à ce qui nous était annoncé ? A qui le bras de l'Éternel s'est-il révélé ? Il s'est élevé devant lui comme un rejeton, comme une racine qui sort d'une terre assoiffée ; il n'avait ni apparence, ni éclat pour que nous le regardions, et son aspect n'avait rien pour nous attirer. Méprisé et abandonné des hommes, homme de douleur et habitué à la souffrance, semblable à celui devant qui l'on voile la face, il était méprisé, nous ne l'avons pas considéré.*
> *Certes, ce sont nos souffrances qu'il a portées, c'est de nos douleurs qu'il s'est chargé ; et nous, nous l'avons considéré comme atteint d'une plaie ; comme frappé par Dieu et humilié. Mais il était transpercé à cause de nos crimes, écrasé à cause de nos fautes ; le châtiment qui nous donne la paix est tombé sur lui et c'est par ses meurtrissures que nous sommes guéris. Nous étions tous errants comme des brebis, chacun suivait sa propre voie ; et l'Éternel a fait retomber sur lui la faute de nous tous.*
> *Il a été maltraité, il s'est humilié et n'a pas ouvert la bouche, semblable à l'agneau qu'on mène à la boucherie, à une brebis muette devant ceux qui la tondent ; il n'a pas ouvert la bouche.*

Sa lumière, Sa Puissance, Sa présence, Sa Gloire

Il a été emporté par la violence et le jugement ; dans sa génération qui s'est soucié de ce qu'il était retranché de la terre des vivants, à cause des crimes de mon peuple de la plaie qui les avait atteints ?
On a mis sa tombe parmi les méchants. Son sépulcre avec le riche, quoiqu'il n'ait pas commis de violence et qu'il n'y ait pas eu de fraude dans sa bouche. Il a plu à l'Éternel de le briser par la souffrance ; après s'être livré en sacrifice de culpabilité, il verra une descendance et prolongera ses jours, et la volonté de l'Éternel s'effectuera par lui.
Après les tourments de son âme, il rassasiera ses regards par la connaissance qu'ils auront de lui, Mon serviteur juste justifiera beaucoup d'hommes et se chargera de leurs fautes. C'est pourquoi je lui donnerai beaucoup d'hommes en partage ; il partagera le butin avec les puissants parce qu'il s'est livré lui-même à la mort, et qu'il a été compté parmi les coupables, parce qu'il a porté le péché de beaucoup et qu'il a intercédé pour les coupables. Ésaïe 53.1-12

Jésus savait que des hommes méchants arracheraient sa barbe, cracheraient sur lui, le frapperaient, placeraient une couronne d'épines sur sa tête, qu'il serait humilié et qu'il mourrait l'horrible mort de la croix crucifié entre deux voleurs. C'était la chose la plus dégradante que l'on puisse faire subir à un homme. Il était possiblement nu et vulnérable et ce qui est certain est qu'il était crucifié par les personnes mêmes qu'il avait été appelé à sauver.

Jésus savait tout cela lorsqu'il priait dans le Jardin, il a commencé à mourir à cet endroit. Sachant tout et ce que cela signifiait, il a prié :

> *Toutefois que ce ne soit pas ma volonté, mais la tienne, qui soit faite.* Luc 22.42

La mort a commencé à s'emparer de notre Seigneur dès ce moment, et vous et moi ne sommes pas morts à nous-mêmes tant que ce n'est plus notre propre volonté qui motive nos paroles et nos actions. Si nous prenons encore les décisions au sujet des endroits où nous voulons aller et ce que nous voulons faire, notre chair mène toujours. Qu'est-il arrivé à l'obéissance ? Samuel, le prophète de l'Ancien-Testament déclare que l'obéissance est « *mieux que le sacrifice* » :

> *Samuel dit : L'Éternel trouve-t-il autant de plaisir dans les holocaustes et les sacrifices, que dans l'obéissance à la voix de l'Éternel ? Voici : L'obéissance vaut mieux que les sacrifices, et la soumission vaut mieux que la graisse des béliers.* 1 Samuel 15.22

Sa lumière, Sa Puissance, Sa présence, Sa Gloire

Oui, l'obéissance est meilleure que le sacrifice et l'obéissance est ce qui a conduit Jésus à la croix. Aujourd'hui, dans notre monde moderne, avec tous les bénéfices et les conforts, nous essayons souvent de rester le plus loin possible de la croix. Nous ne nous sentons pas confortables lorsque nous ne sommes pas en contrôle. Mais, laissez-moi vous dire : Si vous êtes toujours en charge de votre vie, vous êtes en difficulté ! Si vous prenez toujours vos propres décisions, vous êtes alignés dans la mauvaise direction !

Nous devons réaliser qui nous sommes. Nous étions en quelque sorte enracinés dans le mal et nous devons persister à être conduits par l'Esprit de Dieu et lui obéir chaque heure de chaque jour. Cela exige l'œuvre de la croix en nous.

Vous et moi sommes encore des êtres humains et nous devons résister à la tendance de prendre le contrôle. En tant qu'Américains, nous aimons être en contrôle. Alors la soumission à la volonté de Dieu est notre seule réponse. La mort à nous-mêmes est la seule solution. Il n'y a pas d'autres chemins vers le Ciel.

Préparez-vous pour cette marche d'endurance parce que nous devons tous passer par le chemin de la croix. Nous devons y passer encore et encore. Il n'y a aucun autre recours que l'obéissance.

Jésus a relié l'obéissance à l'amour :

La Puissance de Sa Croix

Si vous m'aimez, vous garderez mes commandements. Jean 14.15

Aimer Dieu n'est pas une danse à deux pas. Cela implique de prendre les décisions difficiles et lorsque nécessaire, les sacrifices difficiles. Aimer signifie que tu fais de Dieu le Seigneur de tout. Je crains qu'il y ait plusieurs personnes assises dans les églises le dimanche qui n'ont pas encore fait Christ le Seigneur de tout. Pourquoi je dis cela ? Regardez simplement leur vie. Il est facile de voir qu'ils sont toujours le seigneur de leur propre futur. La complète soumission à Christ est ce que l'amour exige.

Nous devons en venir à comprendre comment la puissance de la croix est manifestée en nous. Jésus a dit ;

Celui qui ne prend pas sa croix et ne me suit pas, n'est pas digne de moi. Matthieu 10.38

C'est le renoncement à soi. C'est cela prendre sa croix et le suivre. C'est de répondre à l'appel avec toute votre détermination, toutes vos ressources, tout votre temps et vos talents et toute votre force. Lorsque les gens attendent à la toute dernière minute pour prendre leur croix, c'est non seulement dangereux ; c'est triste.

En tant que pasteur, j'ai été au chevet de personnes à l'article de la mort. J'avais essayé de leur faire du ministère des

Sa lumière, Sa Puissance, Sa présence, Sa Gloire

semaines et des mois auparavant et ils avaient refusé de se soumettre à Christ. Ils l'ont finalement accepté comme leur Sauveur et Seigneur avant de relâcher leur dernier souffle. Merci Seigneur qu'ils aient pu se soumettre au dernier moment de leur vie, mais je me suis demandé pourquoi ils avaient attendu si longtemps ? Ils ont perdu ce que la vie avait de meilleur à leur offrir en retardant leur visite à la croix jusqu'à la dernière minute.

Christ doit être votre plus haute priorité et lorsqu'il l'est, vous pouvez accéder à la puissance de Dieu. Cela exige de l'humilité pour se rendre là, mais les récompenses sont incommensurables. Dieu connaît tellement plus que ce que nous savons, alors pourquoi faisons-nous encore nos propres choix ? Lui obéir est le meilleur choix. Cela nous conduit à la compréhension de la puissance de la croix.

Jésus a souffert en allant à la croix. Ensuite, il a souffert les humiliations de Ésaïe 53 et vous et moi avons aussi des choses à endurer sur notre route vers la victoire totale en Christ. La croix est prophétique, la croix est symbolique et la croix est réelle. La croix est devenue un symbole tellement puissant que l'ennemi, l'esprit de l'Antéchrist, l'esprit du chaos et de l'anarchie qui a été relâché sur la terre et spécialement ici en Amérique aujourd'hui, la hait et l'attaque à chaque détour.

Le fait que le monde hait la croix devrait nous dire quelque chose. Elle est le symbole de la puissance de Dieu devenu réalité dans nos vies quotidiennes. Il y a un effort concerté pour retirer la croix de toutes les places publiques, de tous les sièges des gouvernements. L'ennemi l'appelle folie, et l'Antéchrist insiste qu'elle soit enlevée de tous les lieux d'éducation, de santé et de tout ce qui est important pour le croyant. La croix, partout où vous la voyez dans le monde, est un symbole de la puissance, de la présence, et de la réalité de Jésus-Christ. C'est le symbole de sa souveraineté sur toute l'humanité. Alors, lorsque vous tombez en amour avec cette croix, vous aussi serez attaqués. Quand vous aimez la croix, vous apprenez rapidement qui est votre ami et qui est votre ennemi. Et cela ne prend pas beaucoup de temps pour réaliser qu'il y a plus d'ennemis que d'amis.

Ce serait surprenant si nous avions le moindre droit de vote concernant la croix aux États-Unis et au Canada, la vérité est que nos pays sont devenus des champs missionnaires majeurs. Personnellement, je suis en faveur de restreindre l'entrée à nos frontières, mais je suis aussi en faveur de l'augmentation de l'immigration. Nous avons simplement besoin que Dieu fasse entrer les bonnes personnes. De nombreux immigrants de religion hindouiste ou musulmane ont été capables d'entendre la bonne nouvelle de l'Évangile et de se tourner vers Jésus. Dans leurs propres pays, prêcher l'Évangile Chrétienne était limité ou interdit. Il fallait qu'ils viennent ici pour trouver le salut à travers Jé-

Sa lumière, Sa Puissance, Sa présence, Sa Gloire

sus ici, ils ont expérimenté la puissance de la croix de Christ. Merci mon Dieu pour cela.

La croix est un symbole de victoire. Jésus a subi la pire défaite qu'aucun homme pouvait subir. Il est allé à la croix comme une brebis devant le tondeur.

> *Semblable à une brebis muette devant ceux qui la tondent ; il n'a pas ouvert la bouche.* Ésaïe 53.7

Il savait ce que les hommes avaient l'intention de lui faire, il est demeuré silencieux, ne disant aucun mot de contestation. Il a refusé de se défendre lui-même et il l'a tout fait pour vous et moi. Oui, il y a de la puissance dans la croix ! Cette puissance commence avec notre obéissance et notre sacrifice.

Il n'y a rien de mal à vouloir poursuivre une belle carrière. Dieu a cela pour vous. Mais ne laissez jamais cette carrière venir entre vous et Dieu. Servez-le au-dessus de tout le reste. Ne placez rien avant lui. Placer quelque chose avant Dieu est de l'idolâtrie. Cela peut être l'amour de la richesse, l'amour pour une personne ou l'amour pour autre chose. Aimez Jésus par-dessus tout.

N'exigez jamais que quelqu'un vous aime plus qu'il n'aime Dieu. N'exigez jamais que quelqu'un vous obéisse plus qu'il n'obéisse à Dieu. Et n'exigez jamais que quelqu'un vous serve plus qu'il ne sert Dieu. De toute manière, vous ne pouvez pas les sauver, alors pourquoi les lier à vous de cette manière ? Nous pouvons avoir un foyer heureux et travailler tout en faisant la volonté de Dieu et laisser les autres faire de même.

Parents, ne laissez pas vos enfants faire de vous leur dieu. Vous ne pouvez même pas vous sauver vous-mêmes, encore moins sauver vos enfants. Tournez-les vers Dieu. Laissez-les connaître ce bonheur et ce succès qui peut se trouver uniquement en connaissant Dieu, en expérimentant le lieu de la croix, le lieu de renoncement, la place de sacrifice, la place d'obéissance. C'est la place où vous remettez votre sagesse du monde et embrassez les pensées divines. Jésus est prêt à vous rencontrer à la croix.

Nous sommes tous des serviteurs et nous avons besoin de comprendre le sacerdoce du croyant. Dès le moment où nous avons dit Oui à Jésus-Christ, un ministère venait de naître en nous, et maintenant nous sommes rois et prêtres de Dieu à travers Jésus. Nous sommes un sacerdoce royal et une nation sainte et chacun de nous a un ministère. Chacun de nous est appelé.

Dès le moment où Jésus est venu dans notre vie, nous étions nés à nouveau et possédions un nouvel ADN, un ADN spirituel. Nous devons commencer à démontrer qui nous sommes en Christ. Nous devons savoir qui nous sommes et ce que nous sommes appelés à faire. Nous devons savoir où se trouve la puissance de Dieu et commencer à y accéder.

Sa lumière, Sa Puissance, Sa présence, Sa Gloire

Nous accédons à la puissance de Dieu de la même manière que nous accédons à son salut – par la foi, par la déclaration et la proclamation. Comme je l'ai mentionné dans mon introduction, Dieu a dit que si nous déclarons quelque chose il va l'établir pour nous. En d'autres mots, il y a de la puissance dans la langue. Vous pouvez faire des déclarations audacieuses, et lorsque vous le faites, Dieu va les établir pour vous.

Il est temps d'accéder à la puissance de Dieu et cela se fait en y croyant d'abord dans votre cœur. La foi est une expression de ce qui se trouve à l'intérieur de vous. La foi peut être une déclaration que vous faites, mais vous devez d'abord y croire dans votre cœur et savoir que la puissance de résurrection est votre portion.

Christ est vivant et l'Espérance de la Gloire vit en vous. De plus, il ne va jamais nous laisser ou nous abandonner. Il va avec nous partout où nous allons et dans nos faiblesses, il va se montrer fort. Oh, nous avons besoin de la puissance de Dieu. Nous avons besoin de la force de l'Évangile. Nous avons besoin de la puissance de la croix et nous pouvons y accéder par la foi. Qu'attendez-vous ? Commencez à vous battre aujourd'hui pour *Sa Lumière, Sa puissance, Sa Présence, Sa Gloire.*

La Puissance de Sa Croix

Père,

Je déclare maintenant ta Parole concernant la puissance qu'il y a dans la croix. Je la relâche immédiatement sur chacun de nous. Aide-nous à entrer dans un lieu de grande obéissance envers toi. Puissions-nous t'obéir dans les petites choses et aussi dans les plus grandes.

Je lie l'esprit de la peur, de l'inquiétude et du doute. Je lie les esprits de la peur de pauvreté, la peur de l'homme et la peur d'échouer. Je vous lie maintenant dans le nom de Jésus et je déclare la victoire à travers la puissance de la croix de Jésus Christ. Seigneur, fais que cette puissance devienne vivante dans nos cœurs, afin que nous puissions te connaître ainsi que la puissance de ta résurrection.

Oh, Dieu Vivant, le seul vrai Dieu, que te connaissions encore plus ! Même au milieu de nos souffrances, puissions-nous te connaître ! Aide-nous à te connaître plus pleinement. Et, nous te donnerons toute la gloire, l'honneur et la louange.

Maintenant Père je relâche, sur ceux qui lisent ces pages, une onction fraîche, une parole fraîche et une bénédiction fraîche.

**Dans le nom de Jésus,
Amen !**

―― **Une pensée à retenir** ――

LA PUISSANCE DE LA CROIX N'AGIT PAS SEULEMENT AU MOMENT OÙ NOUS SOMMES SAUVÉS ; LA PUISSANCE DE LA CROIX NOUS GARDE DANS LES JOURS, LES SEMAINES, LES MOIS ET LES ANNÉES QUI SUIVENT !

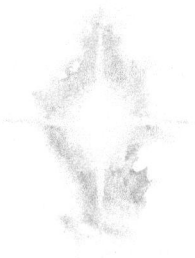

Chapitre 3

La Puissance de Sa Résurrection

Jésus lui dit : Moi, je suis la résurrection et la vie. Celui qui croit en moi vivra, quand même il serait mort ; et quiconque vit et croit en moi ne mourra jamais. Crois-tu cela ? Elle lui dit : Oui, Seigneur, je crois, je crois que tu es le Christ, le Fils de Dieu, celui qui vient dans le monde.

Jean 11.25-27

Oui, il y a de la puissance dans la résurrection. Nous devons savoir qu'il y a de la puissance dans la résurrection et que nous devons nous en emparer. La résurrection est non seulement puissante. Jésus a dit qu'il était la résurrection et la vie. Aujourd'hui, nous, le Corps de Christ, avons besoin de découvrir la puissance de la résurrection afin d'accomplir notre mandat prophétique.

Sa lumière, Sa Puissance, Sa présence, Sa Gloire

Croire que Dieu a ressuscité Jésus de la mort est une autre pierre du fondement de notre foi :

> *Si tu confesses de ta bouche le Seigneur Jésus, et si tu crois dans ton cœur que Dieu l'a ressuscité d'entre les morts, tu seras sauvé. Car en croyant du cœur on parvient à la justice, et en confessant de la bouche on parvient au salut.*
> Romains 10.9-10

La résurrection est la puissance de Dieu pour sauver, la puissance de Dieu pour la vie aux choses mortes. Il n'y aurait pas eu de salut s'il n'y avait pas eu la résurrection. Paul l'a dit ainsi :

> *S'il n'y a pas de résurrection des morts, Christ non plus n'est pas ressuscité. Et si Christ n'est pas ressuscité, alors notre prédication est vaine, et votre foi aussi est vaine.*
> 1 Corinthiens 15.13-14

Paul a dit que même notre foi est vaine (ne produit aucun résultat, est inutile), s'il n'y a pas eu de résurrection.

La résurrection est la puissance pour guérir. Noter ce que les disciples de Jésus ont dit :

La Puissance de Sa Résurrection

Sachez-le bien, vous tous, ainsi que tout le peuple d'Israël ! C'est par le nom de Jésus-Christ de Nazareth, que vous avez crucifié et que Dieu a ressuscité d'entre les morts, c'est par lui que cet homme se présente en bonne santé devant vous. C'est lui : La pierre rejetée par vous, les bâtisseurs, est devenue la principale, celle de l'angle. Le salut ne se trouve en aucun autre ; car il n'y a sous le ciel aucun autre nom donné parmi les hommes, par lequel nous devions être sauvés.

Actes 4.10-12

Le fait, que Jésus a été relevé d'entre les morts, lui a conféré une légitimité sans précédent. La résurrection est ce qui a déclaré que Jésus est le Fils de Dieu :

Il concerne son Fils, né de la descendance de David selon la chair, et déclaré Fils de Dieu avec puissance selon l'Esprit de sainteté, par sa résurrection d'entre les morts. Romains 1.3-4

Avec une grande puissance les apôtres rendaient témoignage de la résurrection du Seigneur Jésus. Et une grande grâce reposait sur eux tous.

Actes 4.33

Sa lumière, Sa Puissance, Sa présence, Sa Gloire

Tel que cité dans un chapitre précédent, le cri du cœur de Paul dans Philippiens 3.10 était, mon but est de le connaître lui dans la puissance de sa résurrection :

> *Mon but est de le connaître, lui, ainsi que la puissance de sa résurrection et la communion de ses souffrances, en devenant conforme à lui dans sa mort, pour parvenir, si possible, à la résurrection d'entre les morts. Ce n'est pas que j'aie déjà remporté le prix ou que j'aie déjà atteint la perfection ; mais je poursuis (ma course) afin de le saisir, puisque moi aussi, j'ai été saisi par le Christ-Jésus.* Philippiens 3.10-12

La Parole de Dieu nous dit que Christ était les premiers fruits de la résurrection. Ceci signifie que vous et moi aurons aussi une résurrection.

La résurrection nous parle du calendrier des évènements, même des temps de la fin. Le Père a relevé Christ de la mort le troisième jour, et Pierre a fait cette analogie :

> *Mais il est un point que vous ne devez pas oublier, bien-aimés : c'est que, devant le Seigneur, un jour est comme mille ans et mille ans sont comme un jour.* 2 Pierre 3.8

La Puissance de Sa Résurrection

Il était tôt le matin du troisième jour quand le Père a ressuscité Jésus d'entre les morts dans la puissance de la résurrection. Ceci, bien-aimés, est le troisième jour d'un temps (le troisième millénium), et cela veut dire qu'il est tôt le matin du troisième jour et Dieu va prophétiquement ressusciter le Corps de Christ. Il est temps pour vous et moi de se lever et de briller. Pouvez-vous entendre l'appel à la résurrection de Dieu ?

> *Lève-toi, brille, car ta lumière paraît, et la gloire de l'Éternel se lève sur toi.*   Ésaïe 60.1

Il y a de la puissance dans la résurrection, et nous avons besoin de la puissance de la résurrection. Ainsi, nous avons besoin de savoir comment y accéder.

Tout comme le Père a envoyé la vie de résurrection dans le corps mort de Jésus et qu'il est sorti du tombeau, maintenant cela va se produire symboliquement alors que Dieu ressuscite le Corps de Christ, Son Église. Que va-t-il en résulter ? Nous allons recevoir du ministère dans le corps et un mouvement de l'Esprit à travers le Corps. La puissance de la résurrection va venir restaurer la vie d'une Église endommagée et brisée. Merci Seigneur pour sa puissance de résurrection. C'est une partie de *Sa Lumière, Sa Puissance, Sa Présence, Sa Gloire*.

Sa lumière, Sa Puissance, Sa présence, Sa Gloire

Je parle maintenant au restant, à l'Épouse qui sort du Corps, à l'armée prophétique de Dieu des temps de la fin. « Corps de Christ, avance ! Réveille-toi, lève-toi et brille ! C'est ton temps. Je déclare la puissance de la résurrection sur toi maintenant, que la vie vienne dans les parties les plus sèches de tes membres et que tu fleurisses et portes du fruit. »

Je parle prophétiquement aux os desséchés :

« Entendez la voix du Seigneur. Voyez, en cette heure, le souffle de Dieu va entrer en vous et vous allez vivre. »

Je prophétise au vent et dis, « Souffle sur ces os et apporte la puissance de la résurrection, maintenant. Dans le nom qui est au-dessus de tout autre nom, le nom de Jésus-Christ de Nazareth, je déclare que la vie revient dans les visions et les rêves morts, et je déclare un nouvel espoir et la vie en abondance ! »

Dans le nom de Jésus,
Amen !

Une pensée à retenir

Tout comme le Père a envoyé la vie de la résurrection dans le corps mort de Jésus et qu'il est sorti du tombeau, cela va maintenant se produire symboliquement, alors que Dieu va ressusciter le corps de Christ, son Église !

Chapitre 4

La Puissance de Son Sang

Car ceci est mon sang, le sang de l'alliance, qui est répandu pour beaucoup, pour le pardon des péchés.   Matthieu 26.28

Il y a de la puissance dans le sang de Jésus. Nous devons d'abord savoir qu'il y a de la puissance dans le nom de Jésus pour ensuite se l'approprier.

Pas tout le monde est sauvé, et la pensée même que tout le monde est sauvé est une absurdité. Uniquement ceux qui en appellent au nom du Seigneur, uniquement ceux qui croient à la puissance de la résurrection, uniquement ceux dont le sang de Jésus fut appliqué sur leur cœur seront sauvés.

Avez-vous été lavés par le précieux sang de Jésus ? Il est mort sur la croix pour nous tous, a versé son sang pour nos péchés. Mais, nous ne sommes pas automa-

La Puissance de Son Sang

tiquement sauvés. Nous sommes sauvés lorsque nous croyons par la foi en ce qu'il a fait. Nous déclarons avec notre bouche la Seigneurie de Jésus-Christ et nous croyons dans notre cœur que Dieu l'a ressuscité d'entre les morts, et nous sommes sauvés. Il faut utiliser cette même foi pour s'approprier la puissance du sang dans notre vie.

Le sang a le pouvoir de purger les œuvres mortes afin que nous puissions servir le Dieu vivant :

> *Car si le sang des boucs et des taureaux, et la cendre d'une génisse qu'on répand sur ceux qui sont souillés, les sanctifient de manière à purifier la chair, combien plus le sang de Christ - qui par l'Esprit éternel s'est offert lui-même sans tache à Dieu – purifiera-t-il notre conscience des œuvres mortes, pour que nous puissions servir le Dieu vivant !*   Hébreux 9.13-14

Notre compréhension de la puissance du sang nous donne l'habileté de se dépouiller des œuvres de la chair, les rituels, les sacrifices et les sacrements, pour que nous puissions servir Dieu et l'adorer en Esprit et en vérité.

Selon les enseignements de Paul dans Éphésiens, notre rédemption se fait à travers le sang de Christ, comme c'est le cas aussi du pardon du péché. Il a dit :

Sa lumière, Sa Puissance, Sa présence, Sa Gloire

> *En lui, nous avons la rédemption par son sang, le pardon des péchés selon la richesse de sa grâce que Dieu a répandue abondamment sur nous en toute sagesse et intelligence.* Éphésiens 1.7-8

C'est le pouvoir du sang qui nous permet de marcher dans la lumière, de communier les uns avec les autres et d'être purgés de tout péché.

Jean a enseigné :

> *Mais si nous marchons dans la lumière, comme il est lui-même lumière, nous sommes en communion les uns avec les autres, et le sang de Jésus son Fils nous purifie de tout péché.*
> 1 Jean 1.7

C'est la puissance du sang qui nous unit dans une vraie communion, comme frères et sœurs, et cette communion ne peut être partagée que par ceux qui ont été lavés dans le sang de l'Agneau.

C'est le sang qui nous donne la puissance de combattre.

Jean a consigné :

> *Alors j'entendis dans le ciel une voix forte qui disait : Maintenant est arrivé le salut, ainsi*

La Puissance de Son Sang

> *que la puissance et le règne de notre Dieu, et l'autorité de son Christ. Car il a été précipité l'accusateur de nos frères, celui qui les accusait devant Dieu jour et nuit. Ils l'ont vaincu à cause du sang de l'Agneau et à cause de la parole de leur témoignage, et ils n'ont pas aimé leur vie jusqu'à (craindre) la mort.*
>
> Apocalypse 12.10-11

C'est de cette manière que nous combattons l'ennemi et ses attaques. Le sang de Jésus appliqué sur nos cœurs nous procure la force nécessaire.

Un autre passage important relié au sang de Jésus (déjà mentionné) se trouve dans Romains :

> *Si tu confesses de ta bouche le Seigneur Jésus, et si tu crois dans ton cœur que Dieu l'a ressuscité d'entre les morts, tu seras sauvé. Car en croyant du cœur on parvient à la justice, et en confessant de la bouche on parvient au salut.*
>
> Romains 10.9-10

Ces versets nous fournissent beaucoup d'information sur la manière de s'approprier et d'appliquer la puissance du sang de Jésus dans nos vies, pas seulement pour notre expérience du salut, mais aussi pour tous les

Sa lumière, Sa Puissance, Sa présence, Sa Gloire domaines de nos vies. Nous croyons avec nos cœurs et le déclarons ensuite avec notre bouche. Nous pouvons plaider la puissance du sang sur chaque situation et chaque besoin de nos vies.

Permettez-moi de vous donner des exemples de la manière dont j'utilise cette puissance par rapport à mes pensées. Les pensées sont puissantes. La Parole de Dieu nous montre :

> *Car il est tel que les arrière-pensées de son âme.*
> Proverbes 23.7

Il est ce qu'il pense. Wow !

Jésus a dit que si un homme regarde une femme et désire l'avoir, il est déjà coupable d'adultère dans son cœur :

> *Mais moi, je vous dis : Quiconque regarde une femme pour la convoiter a déjà commis l'adultère avec elle dans son cœur.* Matthieu 5.28

Le péché en tant qu'acte n'est pas la seule sorte de péché. Nous commettons parfois des péchés avec nos pensées, et nous péchons parfois avec nos paroles. Laissez-moi clarifier ceci.

Lorsqu'une mauvaise pensée surgit dans ma tête, je ne considère pas nécessaire cela comme étant un péché.

La Puissance de Son Sang

Cette pensée peut m'avoir été donnée par l'ennemi pour me tenter, ou cela peut être le résultat de choses qui se produisent autour de moi ou de quelque chose que j'ai entendu ou vu. Cependant, une fois que j'ai réalisé qu'elle est là, je dois m'en débarrasser rapidement et efficacement. Que puis-je donc faire ? Je plaide le sang de Jésus sur mon esprit, croyant qu'il a la puissance de nettoyer mes pensées, et je déclare avec ma bouche que c'est accompli. Je me repens de cette pensée et je demande à Dieu de me libérer d'elle. Voici encore la promesse dans 1 jean 1 :

> *Mais si nous marchons dans la lumière, comme il est lui-même dans la lumière, nous sommes en communion les uns avec les autres, et le sang de Jésus son Fils nous purifie de tout péché. Si nous disons que nous n'avons pas de péché, nous nous séduisons nous-mêmes, et la vérité n'est pas en nous. Si nous confessons nos péchés, il est fidèle et juste pour nous pardonner nos péchés et nous purifier de toute injustice.*   1 Jean 1.7-9

Quelle promesse puissante ! Si je confesse mon péché, Dieu est fidèle et juste pour me pardonner. Mais, il ne me pardonne pas seulement pour ce péché ; il me lave

Sa lumière, Sa Puissance, Sa présence, Sa Gloire

aussi de toute injustice. Oh ! Merci mon Dieu, le sang me purge, me lave de toute injustice.

Si une pensée malsaine semble persister, je peux aussi utiliser la puissance de lier et délier que l'on trouve dans Matthieu 16. Ceci fait aussi partie de nos armes de guerre et des clefs du royaume :

> *Je te donnerai les clefs du royaume des cieux : Ce que tu lieras sur terre sera lié dans les cieux, et ce que tu délieras sur terre sera délié dans les cieux.*
> Matthieu 16.19

Par la foi, je crois dans mon cœur, et par la foi je déclare de ma bouche, et la puissance du sang de Jésus est appliquée à toutes les situations. Je plaide le sang de Jésus sur mes problèmes, sur tout obstacle, toutes mes pensées, mes sentiments et mes émotions, sur les problèmes familiaux et sur toute attaque ou plan de l'ennemi.

Je plaide le sang de Jésus sur les linteaux de la porte de ma maison ou sur tout autre lieu qu'il m'arrive d'habiter dans le moment, en croyant et déclarant la puissance du sang de Jésus dans cet endroit. Comme nous l'avons vu, quand je déclare quelque chose, mon Père céleste va l'établir pour moi. Ainsi, lorsque je le crois et que je le déclare, c'est accompli !

La Puissance de Son Sang

Dieu a déclaré que la vie est dans le sang :

Car la vie de la chair est dans le sang. Je vous l'ai donné sur l'autel, afin qu'il serve d'expiation pour votre vie, car c'est par la vie que le sang fait l'expiation. Lévitique 17.11

Si parfois je sens que quelque chose est mort – un espoir, un rêve, une promesse ou un sentiment, par exemple – et je veux qu'il revienne, je plaide le sang de Jésus dessus, sachant que la vie est dans le sang. Je comprends et je crois dans la puissance qu'il y a dans le sang. Y croyez-vous ? Qu'attendez-vous alors ? Commencez à combattre aujourd'hui pour *Sa Lumière, Sa puissance, Sa présence, Sa Gloire.*

Dans le nom de Jésus-Christ et par la puissance du Saint-Esprit, je plaide le précieux sang de Jésus Christ sur vous maintenant : sur votre esprit, votre corps, vos émotions, sur chaque partie de votre être. Sur votre famille, sur tout et toutes les personnes qui sont proches de vous et qui vous sont chères. Sur toute situation problématique, sur toute circonstance difficile, sur tout besoin et toute relation personnelle.

Sa lumière, Sa Puissance, Sa présence, Sa Gloire

Je plaide le sang de Jésus sur vos finances, votre santé et votre carrière. Je lie chaque attaque et plan de l'ennemi, et je déclare la vie, la liberté, l'espoir, la joie et la prospérité sur vous et votre famille.

Amen !

— **Une pensée à retenir** —

CECI EST LA MANIÈRE DE COMBATTRE L'ENNEMI ET SES ATTAQUES. LE SANG DE JÉSUS APPLIQUÉ SUR NOS CŒURS RELÂCHE LA FORCE NÉCESSAIRE.

Chapitre 5

La puissance de son Nom

C'est pourquoi aussi Dieu l'a souverainement élevé et lui a donné le nom qui est au-dessus de tout nom, afin qu'au nom de Jésus tout genou fléchisse dans les cieux, sur la terre et sous la terre, et que toute langue confesse que Jésus-Christ est Seigneur, à la gloire de Dieu le Père.   Philippiens 2.9-11

Il y a de la puissance dans le nom de Jésus. En fait, il y a de la puissance dans n'importe quel nom. Les noms ont une signification, et chaque fois qu'un nom est prononcé, sa signification particulière est évoquée. Si une fille s'appelle Ailsa par exemple, chaque fois que son nom est prononcé, la personne qui le prononce dit, « Celle qui est consacrée ». C'est puissant, n'est-ce pas ?

Mais, il y a un autre nom qui est encore plus puissant. C'est le nom qui est au-dessus de tout, le nom de Jésus.

La puissance de son Nom

Un jour tout genou fléchira devant ce nom et toute langue confessera qu'il est Seigneur.

En Hébreux, son nom était Yeshua, du définitif du verbe qui voulait dire « sauver, délivrer. » Parmi le peuple juif de la Période du Second Temple, ce nom était très commun. C'était en fait un raccourci pour le nom de Joshua. Mais il y avait un seul Jésus de Nazareth, Fils de Dieu. Il est le Grand Libérateur et il y a de la puissance dans son nom.

Même aujourd'hui, dans les pays Catholiques, beaucoup de parents nomment un de leurs fils Jésus. Mais, aucun de ces Jésus est le Jésus, Celui qui porte ce nom inégalable et sa puissance. Dans ce nom se trouve la puissance pour guérir, pour sauver et pour délivrer. Paul a écrit aux premiers croyants Romains :

> *Car quiconque invoquera le nom du Seigneur sera sauvé. Comment donc invoqueront-ils celui en qui ils n'ont pas cru ? Et comment croiront-ils en celui dont ils n'ont pas entendu parler ? Et comment entendront-ils parler de lui, sans prédicateurs ?*
> Romains 10.13-14

Une des manières de déclarer la puissance du nom du Seigneur est de prêcher et enseigner en son nom. Paul a continué :

Sa lumière, Sa Puissance, Sa présence, Sa Gloire

Et comment y aurait-il des prédicateurs s'ils ne sont pas envoyés ? Selon qu'il est écrit : Qu'ils sont beaux les pieds de ceux qui annoncent de bonnes nouvelles.
Romains 10.15

Revenons, pour un moment, au verset 9 :

Si tu confesses de ta bouche le Seigneur Jésus, et si tu crois dans ton cœur que Dieu l'a ressuscité d'entre les morts, tu seras sauvé. Romains 10.9

Le salut se trouve dans la déclaration de ce nom. Le salut est dans le nom du Seigneur. Mais, c'est plus que le salut. Il y a aussi de la délivrance dans le nom du Seigneur.

Marc 16 nous confie le mandat d'aller dans les nations. Il y est dit :

Puis il leur dit : Allez dans le monde entier et prêchez la bonne nouvelle à toute la création. Celui qui croira et qui sera baptisé sera sauvé, mais celui qui ne croira pas sera condamné. Voici les signes qui accompagneront ceux qui auront cru : en mon nom, ils chasseront les démons ; ils parleront de nouvelles langues ; ils saisiront des serpents ; s'ils boivent quelque breuvage mortel, il ne leur fera point de mal ; ils imposeront les mains aux malades et ceux-ci seront guéris. Marc 16.15-18

La puissance de son Nom

Oui, il y a le salut dans le nom de Jésus, mais il y a aussi la guérison et la délivrance dans ce nom. Il a dit, « *En mon nom ils chasseront les démons.* » Il y a la liberté dans son nom. Son nom nous donne la puissance pour libérer les captifs et son nom donne aux captifs la capacité d'être libérés et de demeurer libres.

Il y a même de la puissance dans le simple fait de s'assembler ensemble en son nom. Jésus a dit :

> *Car là où deux ou trois sont assemblés en mon nom, je suis au milieu d'eux.* Matthieu 18.20

La puissance ne se trouve pas dans l'acte de s'assembler en lui-même. C'est dans l'acte de s'assembler en son nom. Il y a de la puissance dans ce nom, puissance pour sauver, puissance pour guérir et puissance pour délivrer.

Son nom doit être utilisé en prière :

> *Et tout ce que vous demanderez en mon nom, je le ferai, afin que le Père soit glorifié dans le Fils. Si vous demandez quelque chose en mon nom, je le ferai.* Jean 14.13-14

Le nom de Jésus donne la puissance à vos prières. Cela amène sa présence, sa gloire et c'est ce qui nous transforme. Nous devons comprendre la puissance qu'il y a dans le nom de Jésus pour être des ambassadeurs de Dieu sur la terre.

Tout pouvoir et toute autorité nous ont été donnés, mais nous devons savoir comment accéder à cette puissance. Nous devons d'abord et avant tout savoir que cela nous appartient, que cela nous a été donné. Ensuite, nous devons savoir comment marcher dans cette autorité et cette puissance.

C'est par la déclaration et la proclamation que nous accédons à la puissance du nom de Jésus. Je déclare que sa puissance est sur ma langue. Je déclare, par la foi, que sa puissance est en moi parce qu'il a dit qu'il en serait ainsi. Le Seigneur a promis qu'il établirait pour moi ce que je déclare et ce que je décrète. Alors, lorsque j'agis par la foi et déclare quelque chose dans le nom de Jésus, je n'ai pas besoin de prier, « Seigneur, es-tu là ? M'entends-tu ? Je ne te sens pas. »

Si je priais ainsi, je pense qu'il me répondrait, « N'as-tu pas lu ce que j'ai dit ? Ne connais-tu pas ma Parole ? J'ai dit que je ne suis pas un homme pour mentir. J'ai dit que lorsque vous vous unissez en mon nom, je serai avec vous. Alors oui, je suis ici. Pourquoi doutes-tu ? »

Dieu est ce qu'il est qu'il a dit être et il veut dire ce qu'il dit. Qui est-il ? Il est le Grand Je Suis. Quand Moïse a demandé à Dieu, « *Mais, s'ils me demandent quel est son nom que leur répondrai-je ?* » Exode 3.13. Dieu répondit :

La puissance de son Nom

Je suis celui qui suis…, C'est ainsi que tu répondras aux israélites : (Celui qui s'appelle) « Je suis » m'a envoyé vers vous. Exode 3.14

Qui est JE SUIS ? Il est le grand Dieu qui remplit l'univers entier, même si son nom est si petit. JE SUIS…que c'est simple, mais c'est un nom très puissant ! Cela veut dire « Je suis tout ce dont vous aurez besoin. Où JE SUIS il ne manque rien. Quand JE SUIS au milieu de vous, vous êtes complets. Voyez-vous, ce n'est pas la grandeur d'un nom qui compte, mais la puissance de ce nom.

Encore une fois, ceci est la puissance qui sauve et la puissance qui guérit. Lorsque les disciples accomplirent un miracle sur un homme infirme qui avait été dans cette condition pendant de nombreuses années, les gens furent remplis de stupeur. Pierre leur expliqua ainsi :

Pierre, à cette vue, dit au peuple : Vous, Israélites, pourquoi vous étonnez-vous de cela ? Pourquoi fixez-vous les regards sur nous, comme si c'était nous qui, par notre propre puissance ou par notre piété, avions fait marcher cet homme ? Le Dieu d'Abraham, d'Isaac et de Jacob, le Dieu de nos pères, a glorifié son serviteur Jésus, que vous avez livré et renié devant Pilate qui avait jugé bon de le relâcher. Mais vous, vous avez renié le Saint et le Juste, et vous

Sa lumière, Sa Puissance, Sa présence, Sa Gloire

avez demandé comme une faveur qu'on vous remette un meurtrier. Vous avez fait mourir le prince de la vie, que Dieu a ressuscité d'entre les morts ; nous en sommes témoins. C'est par la foi en son nom, que son nom même a rendu fort cet homme que vous voyez et connaissez ; c'est la foi en Jésus qui lui a donné ce complet rétablissement, en présence de vous tous.

Actes 3.12-16

Les disciples ne pouvaient pas prendre la gloire pour cet extraordinaire miracle de guérison. Il fut accompli par Jésus et la puissance de son nom. Il est celui qui guérit ; nous ne sommes pas ceux qui guérissent. C'est Dieu seul qui guérit. Nous sommes uniquement les vases qu'il choisit d'utiliser pour accomplir la guérison. Il est l'essence même de la guérison.

Ensuite, quelque chose de terrible arriva. Les dirigeant religieux de ce temps sont venus et ont conduit les disciples en prison, les accusant de beaucoup de choses. Ils sont demeurés en prison et le jour suivant, voici ce qui arriva :

Ils firent comparaître au milieu d'eux Pierre et Jean, et demandèrent : Par quelle puissance ou par quel nom avez-vous fait cela ? Alors Pierre, rempli d'Esprit Saint, leur dit : Chefs du peuple, et anciens,

La puissance de son Nom

puisque nous sommes interrogés aujourd'hui sur un bienfait accordé à un homme infirme, sur la manière dont il a été guéri, sachez-le bien, vous tous, ainsi que tout le peuple d'Israël ! C'est par le nom de Jésus-Christ de Nazareth, que vous avez crucifié et que Dieu a ressuscité des morts, c'est par lui que cet homme se présente en bonne santé devant vous. C'est lui : La pierre rejetée par vous, les bâtisseurs, et devenue la principale, celle de l'angle. Le salut ne se trouve en aucun autre ; car il n'y a sous le ciel aucun nom donné parmi les hommes, par lequel nous devions être sauvés. Actes 4.7-12

Le verset 18 dit ceci :

Alors, ils les appelèrent et leur défendirent absolument de parler et d'enseigner au nom de Jésus.
Actes 4.18

Pourquoi ? Parce qu'il était évident que ce nom était puissant. Les dirigeants religieux ne leur interdirent pas seulement de prêcher. Ils devaient cesser de prêcher *en ce nom*. Les disciples cessèrent-ils de prêcher en utilisant le nom de Jésus ? Bien sûr que non. Ils ont continué à parler en son nom. Son nom est trop puissant pour être ignoré.

Sa lumière, Sa Puissance, Sa présence, Sa Gloire

Aujourd'hui, spécialement dans l'hémisphère occidental, il y a une tendance à restreindre l'usage du nom de Jésus. Les gens n'ont pas de problème si vous mentionnez Dieu. Après tout, vous pourriez faire référence à n'importe quel dieu. Mais, si vous utilisez le nom de Jésus, les gens sont offensés. C'est comme lancer un cri de guerre.

Notre Dieu est un guerrier et quand vous déclarez le nom de Jésus Christ, vous êtes en train de dire que c'est le temps de la guerre. Vous faites appel au nom du Grand Guerrier. Son nom est le Seigneur, et il y a de la puissance dans ce nom.

Comme mentionné dans un chapitre précédent, il y a un mouvement pour enlever le symbole de la croix dans tous les lieux publics. Il y a, de la même manière, un effort concerté qui est en marche pour restreindre la mention du nom de Jésus, ce nom qui est au-dessus de tout nom. Pourquoi ? Parce qu'il y une très grande puissance dans ce nom.

Dieu avait d'autres noms dans les temps anciens. Parmi les premiers noms utilisés pour lui se trouvaient *El, Eloah, Elohim* (démontrant les multiples facettes de sa nature). *El Shaddai* était un autre des premiers noms sous lequel les Hébreux connaissaient Dieu. Ce qui signifiait le Dieu du plus que nécessaire.

Un autre des anciens noms de Dieu était *Yahweh*, ou *Jéhovah*. Ce nom était traduit, la plupart du temps, simplement par *Seigneur* dans les versions Anglaise de la Bible.

La puissance de son Nom

Ce nom a aussi plusieurs variantes. Il y avait par exemple, *Jéhovah-Jireh*, Dieu mon pourvoyeur ou Dieu qui pourvoit :

Abraham répondit : Mon fils, Dieu va se pourvoir lui-même de l'agneau pour l'holocauste.

Genèse 22.8

Vous et moi devons savoir que Dieu lui-même est notre Source ; autrement, nous pourrions penser que les hommes sont notre source. Si nous flattons un patron, pensant qu'il est la source et que notre carrière et salaire dépendent du fait de maintenir une bonne relation avec lui, nous pouvons devenir dépendant de lui et non de Dieu lui-même.

Dieu ne nous dit pas d'être indépendant ; il veut que nous soyons interconnectés ou interdépendants à l'intérieur du Corps de Christ. Mais, nous ne pouvons jamais le remplacer en tant que notre Source pour toutes choses. Le remplacer devient de l'idolâtrie. Est-il le Jéhovah-Jireh de ta vie ?

Jésus a passé beaucoup de temps avec ses disciples et a eu des conversations très profondes avec eux. Lors de l'une de ces occasions, il leur a demandé :

Les gens, qui disent-ils que je suis ? Marc 8.27

Sa lumière, Sa Puissance, Sa présence, Sa Gloire

Ils répondirent :

Jean-Baptiste, d'autre, Élie ; d'autres, l'un de prophètes. Marc 8.28

Jésus les dirigeait à une question plus importante, et maintenant, demanda :

Mais vous, leur demanda-t-il, qui dites-vous que je suis ? Marc 8.29

Pierre lui répondit :

Tu es le Christ. Marc 8.29

Qui est-il pour vous ? Qui est votre enseignant ? Qui est votre Sauveur ? Qui est votre Seigneur ? Qui est votre pourvoyeur ? Pour certains, il est définitivement leur Sauveur et ils le reconnaissent comme tel, mais il devient rapidement apparent qu'il n'est pas leur Seigneur. Certains ne croient pas que la guérison divine est pour aujourd'hui, alors il n'est pas leur guérisseur. Certains s'appuient trop sur d'autres hommes, alors ils ne connaissent pas vraiment Dieu dans tout ce qu'il est. Êtes-vous satisfaits de dépendre des autres pour toujours ? Ou allez-vous déclarer à tous qu'il est votre Jéhovah-Jireh, votre pourvoyeur ? Il a promis :

La puissance de son Nom

Mon Dieu pourvoira à tous vos besoins selon sa richesse, avec gloire, en Christ-Jésus.
Philippiens 4.19

Qui est Dieu ? Jéhovah-Jireh est son nom. Le mariage est une relation tellement importante, mais même dans mon mariage, je ne peux pas compter uniquement sur ma charmante épouse. Chaque matin, dès mon réveil, je dois dépendre de mon Dieu. Mave peut avoir une mauvaise journée, mais je ne pourrais pas laisser cela déterminer comment ira ma journée. Je dois savoir qui je suis et à qui j'appartiens et que Dieu est ma Source.

De la même manière, je peux avoir une mauvaise journée, alors Mave ne peut pas dépendre uniquement de moi non plus. Dieu est sa Source et c'est cela qui détermine comment ira sa journée. Si j'ai une mauvaise journée chaque fois que Mave a une mauvaise journée ou si Mave a une mauvaise journée chaque fois que j'ai une mauvaise journée, nous devenons alors codépendants l'un de l'autre, et cela n'est pas sain. Est-il votre Jéhovah-Jireh ?

Un autre des noms de Dieu dans les temps anciens était *Jéhovah-Rapha*, Dieu mon guérisseur, ou Dieu qui me guérit :

> *Il dit : Si tu écoutes attentivement la voix de l'Éternel, ton Dieu, si tu fais ce qui est droit à ses yeux, si tu*

Sa lumière, Sa Puissance, Sa présence, Sa Gloire

> *prêtes l'oreille à ses commandements et si tu observes toutes ses prescriptions, je ne t'infligerai aucune des maladies que j'ai infligées aux Égyptiens ; car je suis l'Éternel, qui te guérit.* Exode 15.26

« *Je suis l'Éternel qui te guérit* », ou Jéhovah-Rapha. Le connaissez-vous en tant que votre guérisseur ?

Comme je l'ai mentionné plus tôt, j'ai eu de graves problèmes de santé durant les dernières années. J'ai accepté des traitements médicaux pour ces problèmes parce que j'ai confiance dans la profession médicale. Les médecins se dévouent pour notre santé et peuvent être très oints. Dieu fait souvent des miracles à travers les médecins. Cependant, les médecins ont leurs limites. Ils peuvent me soigner, mais ils ne peuvent pas me guérir. Dieu seul peut faire cela.

Si je me coupe, un médecin peut fermer la plaie avec des points de suture et me donner un antibiotique pour prévenir l'infection, mais seul Dieu peut accomplir la guérison. Je suis tellement content de le connaître en tant que Jéhovah Rapha !

Notre Dieu est aussi *Jéhovah-Nissi*, le Seigneur mon étendard. Nous avons besoin d'un étendard au-dessus de nous, de nos familles, notre maison, notre terre et notre nation. Cela doit devenir notre déclaration et notre proclamation. Nous l'appellerons Seigneur parce qu'il est notre Jéhovah-Nissi !

La puissance de son Nom

Je dois le connaître dans chaque facette de son nom. Il est la puissance derrière le nom. Il est mon Jéhovah-Jireh, mon Pourvoyeur, parce qu'il est la source de toute provision. Après tout, les troupeaux sur les milliers de montagnes lui appartiennent, tout l'or et l'argent sont à lui. Tout ce qui existe lui appartient et il est Seigneur au-dessus de tout. Il est Jéhovah-Rapha parce que lui seul a le pouvoir de guérir. Il est Jéhovah-Nissi parce que la puissance derrière moi est sa bannière.

Notre Dieu est aussi *Jéhovah-Shalom*, Dieu ma Paix. Il y a une telle profondeur dans le mot *shalom*. Quand vous allez en Israël, vous utilisez ce mot souvent lorsque vous rencontrez des gens dans la rue. Chaque vendredi soir vous allez saluer le sabbat, ou *shabbat* en Hébreux, avec *Shabbat Shalom*. Par ces mots, vous honorez le Seigneur et vous honorez son Sabbat.

Il y a tellement de choses dans le mot *shalom*. Nous avons besoin de paix dans notre âme, de paix dans nos corps, de paix dans la vie quotidienne. *Shalom* est la paix de Dieu, mais c'est aussi tout ce qu'il nous apporte. La profondeur de la signification de ce merveilleux nom continue à se révéler car Dieu est notre *Shalom*.

Vous et moi avons besoin de paix, nous devons donc le connaître en tant que notre paix. Si vous n'avez pas la paix, laissez-moi vous présenter à lui, Dieu Ma Paix.

Sa lumière, Sa Puissance, Sa présence, Sa Gloire

Dans les jours à venir, nous allons vivre des temps très difficiles. Vous feriez mieux de connaître le Dieu de paix maintenant, alors que les choses sont plus faciles. Si nous pouvons le connaître comme notre paix dans les temps faciles, alors, quand les temps difficiles viendront, nous aurons l'assurance de sa paix dans nos cœurs.

Notre monde s'en va dans une totale anarchie. Êtes-vous prêts pour cela ? Le chaos ne se trouvera plus seulement au Moyen Orient ou quelque part en Afrique. Toutes les nations vont connaître des temps difficiles et nous devons être prêts peu importe ce qui s'en vient. Avez-vous la paix qui dépasse tout entendement ?

> *Et la paix de Dieu, qui surpasse toute intelligence, gardera vos cœurs et vos pensées en Christ-Jésus.*
>
> Philippiens 4.7

Notre Dieu est aussi *Jéhovah-Rohi*, Dieu mon Berger. Connaissez-vous Jéhovah-Rohi ? Est-il votre Berger aussi ? Il peut l'être.

David a chanté ces fameuses paroles :

> *L'Éternel est mon berger : je ne manquerai de rien. Il me fait reposer dans les verts pâturages, il me dirige près des eaux paisibles. Il restaure mon âme, il me conduit dans les sentiers de la justice à cause de son*

La puissance de son Nom

nom. Quand je marche dans la vallée de l'ombre de la mort, je ne crains aucun mal, car tu es avec moi : ta houlette et ton bâton, voilà mon réconfort. Tu dresses une table devant moi en face de mes adversaires ; tu oins d'huile ma tête, et ma coupe déborde. Oui, le bonheur et la grâce m'accompagneront tous les jours de ma vie, et je reviendrai dans la maison de l'Éternel pour la durée de mes jours. Psaume 23.1-6

Nous utilisons souvent ce passage lors de funérailles et c'est opportun parce que c'est tellement magnifique. Mais le psaume ne parle pas principalement de la mort ; il parle de la vie de tous les jours. Nous avons besoin de Dieu Berger chaque heure de chaque jour. Si vous ne l'avez jamais connu de cette manière, apprenez à le connaître aujourd'hui.

Notre Dieu est aussi *Jéhovah-Tsidkenu*, Dieu ma Justice :

En son temps, Juda sera sauvé, Israël aura la sécurité dans sa demeure, et voici le nom dont l'appellera : L'Éternel notre justice. Jérémie 23.6

Nous n'avons aucune justice en dehors de lui. Il est juste. Il est un Dieu bon et fidèle. Vous récolterez toujours ce que vous semez parce que Jéhovah-Tsidkenu est juste. Il ne peut être rien d'autre que juste, et il ne

Sa lumière, Sa Puissance, Sa présence, Sa Gloire

peut rien faire d'autre que la justice. Il ne peut jamais être injuste. Il est le juste juge parce qu'il est totalement et éternellement juste.

Dieu a toujours prouvé qu'il est juste et qu'il se tient toujours du côté de la justice. Le péché est l'ennemi du Dieu juste et quand je me tiens du côté du péché, je viens contre la justice, me tenant et m'opposant contre le Dieu de la justice.

Chaque jour, quand je commence mes activités, je dois savoir qu'il est juste et que je vais récolter ce que je sème. Autrement, comment pourrais-je semer avec confiance ? Je crois ce que les Écritures enseignent :

> *Ce qu'un homme aura semé, il le moissonnera aussi.*
> Galates 6.7

Pourquoi je le crois ? Parce que je comprends la justice de Dieu et je sais qu'il fera ce qu'il dit qu'il fera. Sa parole ne retourne jamais vide. Il a dit :

> *Ainsi en est-il de ma parole qui sort de ma bouche : Elle ne retourne pas à moi sans effet, sans avoir exécuté ma volonté et accompli avec succès ce pour quoi je l'ai envoyée.* Ésaïe 55.11

Il a envoyé sa parole et guérit son peuple :

La puissance de son Nom

Il envoya sa parole et guéri, il les délivra de leurs infections. Psaumes 107.20

La justice de Dieu et sa parole infaillible, non seulement apportent la guérison physique ; mais elles peuvent aussi guérir nos finances. Il sait comment faire des miracles financiers. Quand je déclare sa Parole et que je viens en unité d'esprit avec sa Parole, je peux être certain qu'il ne va pas dévier de la justice de cette dernière.

Je peux utiliser ses paroles justes pour vérifier les esprits. C'est donc la première place où je vais quand j'ai des doutes concernant le type d'esprit qui est à l'œuvre dans une situation donnée. La justice de Dieu ne permettra pas que je sois trompé. Le connaissez-vous en tant que *Jéhovah-Shammah*, mon Dieu qui est Présent. Il est partout, et sa lumière brille sur nous et en nous. L'un des premiers décrets que je prononce chaque jour est ceci : « J'aime le Seigneur, par conséquent sa lumière brille en moi. » il est mon Jéhovah-Shammah.

Je dois connaître Dieu en tant que ma lumière. Autrement, quand j'entre dans un endroit sombre, la noirceur peut m'envahir. Quand je sais que Jéhovah-Shammah est en moi, je n'ai aucune crainte d'aller dans un endroit sombre. Après tout, j'apporte la lumière avec moi, mon Jéhovah-Shammah.

Sa lumière, Sa Puissance, Sa présence, Sa Gloire

Je ne sais en ce qui vous concerne, mas j'ai été dans des situations très sombres. Mais, vous savez quoi, la lumière de Dieu brille encore plus fort dans les ténèbres qu'elle ne le fait dans la lumière.

J'entends des gens se plaindre au sujet de l'endroit où ils travaillent – les blasphèmes, les blagues crues, les insinuations. Ils trouvent cela très difficile de travailler dans cet endroit. Pourquoi Dieu vous enverrait-il dans un endroit comme celui-là ? Serait-ce parce que vous êtes remplis avec la lumière, avec Dieu lui-même ? Vous êtes nés pour briller dans les ténèbres. Apprenez à connaître Jéhovah-Shammah et les ténèbres de vous affecteront plus.

Je connais le Seigneur depuis plus de 40 ans maintenant, et il continue de me révéler encore plus de lui-même chaque jour. J'ai besoin d'en connaître encore plus au sujet de ses noms et comprendre encore plus leurs significations. Son nom est puissant.

Pourquoi Dieu a-t-il autant de différents noms ? Parce que cela n'est pas facile d'exprimer les multiples aspects de son cœur et de sa personnalité. Il est comme une pierre précieuse à multiples facettes. Par exemple, Dieu est à la fois mâle et femelle. Il a dit dans le livre de la Genèse qu'il a créé l'homme à son image – mâle et femelle :

> *Dieu créa l'homme à son image : il le créa à l'image de Dieu, homme et femme il les créa.*   Genèse 1.27

La puissance de son Nom

Les hommes sont créés à l'image de Dieu, mais les femmes le sont aussi. Nous pensons souvent à Dieu en tant que Père. Mais en réalité, il a aussi le cœur d'une mère en lui. Il porte les deux aspects.

Je dois le connaître comme le Dieu de justice, mais si c'est tout ce que je connais, cela peut me freiner. Si je suis constamment frappé sur la tête avec des appels à la repentance, je peux ne pas être capable de recevoir son pardon, sa miséricorde et sa grâce. Il est le Dieu de grâce autant qu'il est le Dieu de justice.

Notre grand Dieu de grâce offre la grâce aux humbles, tout comme notre Dieu de justice résiste aux orgueilleux. Je dois apprendre à marcher dans ces deux aspects de Jéhovah.

Quand je parle d'humilité, je ne veux pas dire timidité. Ce sont deux choses très différentes. Dieu ne donne pas dans la timidité. Il nous donne une audace divine afin que nous sachions que nous pouvons entrer et prendre le territoire. Des guerriers ne peuvent pas se permettre d'être timides, alors Dieu nous donne un esprit d'audace, une audace surnaturelle. Il exige tout de même l'humilité de notre part.

Le caractère de Dieu (et les noms qui nous révèlent ce caractère) sera une révélation continuelle pour nous au fur et à mesure que nous grandirons en lui. Après 40 ans, je n'ai pas encore terminé d'apprendre. Je m'attends demain

Sa lumière, Sa Puissance, Sa présence, Sa Gloire

matin à ce que le Seigneur me montre quelque chose de nouveau à propos de lui-même, de qui il est, de ce qu'il est en train de faire et de ce qu'il a l'intention de faire en ce nouveau jour. Comme sa bonté n'a pas de fin, cette révélation n'arrêtera jamais. Il est un Dieu inépuisable, par conséquent, ses noms sont aussi sans nombres.

La chose la plus importante est que nous développions une relation avec lui afin de pouvoir le connaître mieux. Un nom est juste un nom jusqu'au moment où vous connaissez la personne derrière ce nom. Avec le temps, nous apprenons à connaître la voix de Dieu.

Disons que Pasteur Mave (mon épouse) m'appelle demain sur cellulaire et dit, « Hey chéri comme vas-tu ? » Si je répondais « Qui est-ce ? » Pasteur Mave viendrait probablement me secouer jusqu'à ce que mes yeux tombent. Je devrais connaître cette voix. En fait, parce que j'entends cette voix chaque jour, je devrais vraiment bien la connaître. Alors, lorsque le Seigneur me parle, je ne dis pas « Qui est-ce ? » Je connais sa voix parce que j'ai développé une relation à longs termes avec lui.

Dans la vie chrétienne, tout fonctionne à partir d'une relation légitime et intime avec le Dieu vivant. Oui, je dois avoir du discernement, mais avant de même avoir du discernement, je dois avoir une relation. Dieu et moi devons avoir une conversation et cette conversation ne peut pas être à sens unique. Elle doit se faire dans les deux sens. Je

La puissance de son Nom

dois parler et je dois aussi écouter lorsqu'il parle. C'est en cela que consiste une relation et c'est ainsi que j'apprends à entendre la voix de Dieu et à le connaître plus intimement.

Nous entendons parfois sa voix dans les ténèbres et parfois dans la lumière. Nous entendons cette voix parfois au milieu du chaos. J'aime croire que j'entendrais sa voix en traversant le carrefour très achalandé de Times Square à New York et que je saurais que c'est lui qui me parle. Il m'arrive parfois, lorsque je suis dans un restaurant bondé ou une station de train ou un aéroport, que Dieu me montre une personne à qui il veut que j'aille partager quelque chose. Quelquefois, alors que je suis en prière, il me montre quelqu'un et je prie pour cette personne. En fait, j'ai besoin de connaître la voix du Seigneur afin de pouvoir lui répondre dans l'obéissance. Encore une fois, un nom n'est qu'un nom jusqu'au moment où vous connaissez la personne qui est derrière ce nom.

J'aime la prière apostolique de Paul qu'on retrouve dans Éphésiens 1.17-18. Elle est puissante. Ce qui me touche le plus dans cette prière est le désir de Paul de connaître encore mieux le Seigneur. Son cri du cœur était de le connaître. Oh ! que nous puissions connaître notre Dieu au cœur de la souffrance, que nous puissions le connaître dans la puissance de sa résurrection.

En vérité, c'est la seule manière que vous puissiez connaître Jésus. Vous ne pouvez le connaître d'aucune

Sa lumière, Sa Puissance, Sa présence, Sa Gloire

autre manière. Vous pouvez savoir quelque chose à son sujet si vous ne regardez qu'à la croix ou un autre symbole chrétien ou en lisant un livre à son sujet. Mais pour le connaître, vous devez devenir son compagnon de manière constante. Ses noms doivent signifier quelque chose pour vous personnellement.

John F. Kennedy était le 35ième président des États-Unis. Il y a de nombreux livres qui ont été écrits à son sujet et en lisant l'un de ces livres vous allez connaître quelque chose à son sujet. Cependant, à moins d'avoir eu l'honneur de le rencontrer en personne avant son décès en 1963, vous ne pouvez pas vraiment le connaître. Pour vous, il n'est qu'un nom. Actuellement, pour le connaître il faut être personnellement introduit et cela est impossible parce qu'il est parti. Vous pouvez visiter le tombeau de John F. Kennedy au cimetière de Arlington, mais cela ne vous le fera pas connaître. Si vous n'avez pas eu ce privilège, cela est maintenant impossible.

Mais, j'ai de bonnes nouvelles : le tombeau de Jésus est vide. Il est vivant, alors vous pouvez encore le rencontrer et développer une relation intime avec lui. Le nom de Jésus ne devrait pas être seulement un nom comme tous les autres noms. Cela devrait être le nom de votre Sauveur, votre ami personnel.

Le voile du temple a été déchiré afin que personne ne puisse le remettre tout d'une pièce. Vous et moi avons

La puissance de son Nom

maintenant accès au lieu Très Saint et au Roi de Gloire. Vous pouvez aller en présence de Dieu et développer une relation avec le Dieu vivant. En d'autres mots, vous pouvez connaître Jésus et la puissance de sa résurrection. Vous pouvez en venir à le connaître de plusieurs manières distinctes.

Christ a souffert pour nos péchés. Il comprend donc tout ce que vous pouvez traverser. Il a souffert pour répondre à son appel. Il a souffert dans le jardin de Gethsémané. Il a souffert ensuite sur la croix. Il comprend toutes les souffrances et il comprend sûrement vos souffrances. Il comprend la persécution. Il comprend la trahison. Il n'y a rien en ce qui vous concerne et aucun aspect de votre vie qu'il n'a pas connu lui-même. En fait, les Écritures assurent que nous n'avons rien souffert qui n'ait été humain, mais que notre Dieu ne nous donnera jamais rien que nous ne puissions supporter et qu'il va toujours nous donner une manière de s'échapper :

> *Aucune tentation ne vous est survenue qui n'ait été humaine ; Dieu est fidèle et ne permettra pas que vous soyez tentés au-delà de vos forces ; mais avec la tentation, il donnera aussi le moyen d'en sortir, pour que vous puissiez la supporter.*
> 1 Corinthiens 10.13

Oui, vous avez besoin de connaître plus que son nom. Connaissez la personne derrière le nom.

Sa lumière, Sa Puissance, Sa présence, Sa Gloire

Le nom du Seigneur que j'aime le plus est celui que Jean a utilisé dans le livre de l'Apocalypse. Il a dit que son nom était Fidèle et Véritable :

> *Puis je vis le ciel ouvert, et voici un cheval blanc. Celui qui le monte s'appelle Fidèle et Véritable, il juge et combat avec justice.* Apocalypse 19.11

Fidèle et Véritable…Cela est son nom, mais c'est plus que son nom. C'est qui il est pour vous. Il est Fidèle et Véritable pour vous. Pour moi aussi il est Fidèle et Véritable. Il ne fait pas de différence entre les personnes :

> *Alors Pierre ouvrit la bouche et dit : En vérité, je le comprends, pour Dieu il n'y a pas de considération de personnes.* Actes 10.34

Notre Dieu est Fidèle et Véritable autant à la femme qu'à l'homme. Il va se révéler à vous comme il s'est révélé à Étienne.

Étienne avait été choisi pour être diacre de la première Église (voir Actes 6.5). Cependant, il est devenu puissant très rapidement :

> *Étienne plein de grâce et de puissance, opérait de grands prodiges et des signes parmi le peuple.* Actes 6.8

La puissance de son Nom

Comme Étienne confrontait l'ennemi et confrontait avec audace le péché, il a froissé certaines personnes. Ils étaient tellement furieux au sujet de ce qu'il disait qu'ils ont pris des pierres et ont commencé à le lapider à mort :

> *Ils lapidèrent Étienne, qui priait et disait : Seigneur Jésus reçois mon esprit ! Puis, il se mit à genoux et s'écria d'une voix forte : Seigneur, ne les charge pas de ce péché. Et, après avoir dit cela, il s'endormit.*
>
> Actes 7.59-60

La chose surprenante est que pendant que Étienne était lapidé, il reçut une révélation spéciale de la nature de Dieu :

> *Mais Étienne, rempli d'Esprit Saint, fixa les regards vers le ciel et vit la gloire de Dieu et Jésus debout à la droite de Dieu. Il dit : Voici : je vois les cieux ouverts et le Fils de l'homme debout à la droite de Dieu.*
>
> Actes 7.55-56

Étienne a reçu une révélation de Yahweh, celui qui délivre, celui qui sauve. Dans plusieurs parties du monde vous pouvez voir des interprétations artistiques de ce que les hommes ont vu à différents moments. Ces interprétations montrent habituellement Jésus assis

Sa lumière, Sa Puissance, Sa présence, Sa Gloire
à la droite du Père. Étienne l'a vu debout. Cela peut ne rien vouloir dire pour vous, mais pas pour moi. Comme Étienne payait le prix ultime par la persécution et la trahison, le Seigneur de Justice s'est levé pour lui. Au milieu de vos tribulations et de vos épreuves, le Seigneur va se lever pour vous aussi. Quand vous souffrirez à cause de la persécution et de la trahison, il sera là pour vous réconforter. Vous devez simplement le connaître. Alors, Celui qui est appelé Fidèle et Véritable va se tenir debout pour vous lorsque vous aurez besoin de lui.

Il y a naturellement de nombreux noms pour Dieu. Ces derniers ne sont que quelques-uns. D'autres noms sont le Roi des rois, le Seigneur des seigneurs, le Commencement et la Fin, le Premier et le Dernier, l'Alpha et l'Oméga, la racine et la descendance de David, l'Étoile du matin, le Lion de la Tribu de Juda.

Quand Jésus était ici sur la terre, il était appelé le Logos (la Parole), le Fils de Dieu, le Fils de l'Homme, le Fils de David, l'Agneau de Dieu, le Nouvel Adam, le Second Adam ou le Dernier Adam, la Lumière du monde, le Roi des Juifs, Rabbouni et Rabbi. Il est Jésus et il y a de la puissance dans son nom.

Nous devons baptiser les nouveaux croyants dans ce précieux nom, proclamant au monde entier qu'ils lui appartiennent:

La puissance de son Nom

Pierre leur dit : Repentez-vous, et que chacun de vous soit baptisé au nom de Jésus-Christ, pour le pardon de vos péchés ; et vous recevrez le don du Saint-Esprit.
Actes 2.38

Oui, il y a de la puissance dans son nom. Et vous ? Qu'attendez-vous ? Commencez aujourd'hui à combattre pour *Sa Lumière, Sa Puissance, Sa Présence, Sa Gloire*.

Sa lumière, Sa Puissance, Sa présence, Sa Gloire

Seigneur Jésus,

Tu es merveilleux. Tu es merveilleux dans toutes tes voies. Tu es un Dieu bon et fidèle, un Dieu aimant, un Dieu qui pardonne. Tu es le Roi de Gloire, Tu es le Roi des rois et le Seigneur des seigneurs. Tu es le commencement et tu es la Fin. Tu es le Premier et tu es le Dernier. Tu es l'Alpha et l'Oméga. Tu es la Racine et la descendance de David. Tu es l'Étoile du Matin. Tu es le Lion de Juda. Viens et rugis au milieu de nous. Rugis dans nos cœurs.

Merveilleux Jésus, tu vois et connais nos cœurs. Je te remercie Seigneur d'être un Dieu qui nous parle. Déclare-nous tes desseins, ta volonté, ton appel en cette saison. Que ton règne vienne. Que ta volonté soit faite dans nos vies. Ne laisse pas une graine tomber sur le sol, mais que la plénitude de la récolte que tu as ordonnée pour nous avant la fondation du monde vienne à passer.

Père, consacre-nous encore une fois en ce jour, que tu sois le premier dans nos vies. Pas seulement le premier, mais que toi seul soit assis sur le trône de nos cœurs.

Père, fais que ta main de bénédiction, ta main de faveur, reste sur nous. Bénis leurs

familles. **Bénis leurs foyers. Bénis leur travail. Bénis-les dans leurs temps de loisirs. Bénis-les lorsqu'ils vont et lorsqu'ils viennent. Bénis-les physiquement, spirituellement, émotionnellement et financièrement. Que ta bénédiction les déborde.**

Dans le glorieux nom de Jésus,
Amen.

Une pensée à retenir

IL Y A LIBERTÉ DANS SON NOM. SON NOM DONNE LA PUISSANCE POUR DÉLIVRER LES CAPTIFS. SON MON DONNE AUX CAPTIFS LA PUISSANCE D'ÊTRE DÉLIVRÉS ET DE RESTER LIBRES.

Chapitre 6

La Puissance de son Esprit

Jésus retourna en Galilée, avec la puissance de l'Esprit, et sa renommée se répandit dans toute la région. Luc 4.14

Le mot *Shekinah*, qui fait référence à la gloire visible de Dieu, est une transcription d'un mot Hébreux qui veut dire « celui qui habite » ou « ce qui habite ». Ce mot était utilisé pour décrire la lumière sur le Propitiatoire de l'Arche de l'Alliance gardée dans le Lieu Très Saint dans le Tabernacle au désert et plus tard dans le Temple à Jérusalem. Tout mon cœur en cette saison est concentré à établir une place d'habitation pour lui, pour son Esprit, pour sa présence et pour sa puissance.

La Shekinah symbolise la présence divine (voir Exode 25.8). Le mot *Shekinah* en lui-même se trouve uniquement dans la Amplified Bible, mais *shakan*, la racine du

Sa lumière, Sa Puissance, Sa présence, Sa Gloire

mot, se trouve dans les manuscrits originaux et signifie « habiter, s'installer, avoir une habitation » et le mot qui y est associé *Mishkan* (tabernacle) sont tous les deux souvent utilisés et associés à la présence de Dieu, son Esprit (et sa Gloire) habitant avec l'homme.

La signification du mot *Shekinah* (Celui qui habite) nous rappelle que nous n'avons pas cherché à habiter avec Dieu, mais lui avec nous. Cette vérité devrait continuellement provoquer une reconnaissance de la part de tous ceux qui ont été amenés dans une alliance avec lui sous le refuge de ses ailes.

Dans Exode, nous voyons que c'est Dieu qui a d'abord exprimé son désir d'habiter parmi les hommes, instruisant Moïse de dire au peuple de construire un sanctuaire pour lui afin qu'il puisse habiter (*shakan*) *au milieu d'eux.*

A travers ma relation avec le ministère de la famille Heflin à Calvary Pentecostal Campground, j'ai eu l'opportunité d'expérimenter et d'en apprendre plus au sujet de la gloire Shekinah d'une manière plus profonde que jamais auparavant. J'ai su dès le moment où je suis arrivé là-bas que j'étais dans des eaux plus profondes.

La série de livre sur *la Gloire* de Ruth Ward Heflin a pris vie dans l'atmosphère céleste qui était cultivée par la révélation qu'elle avait reçue dans le Psaumes 100 dans la manière d'entrer dans la dimension de la gloire par la louange et l'adoration. Plus la louange est élevée et plus l'adoration est profonde, plus grande est la gloire !

Ensuite, Pat Francis, une leader apostolique puissante de Toronto, Ontario, m'a fait connaître une autre dimension de la présence de Dieu, le *chayil*. Selon le dictionnaire *Strong #2428* : chayil (prononcé ca hil) signifie *« une force, soit d'hommes, de moyens ou autres ressources ; une armée, la richesse, la vertu, la valeur, la force : - capable, activité, (+) armée, groupe d'hommes (soldats), grandes forces, biens, hôte,*

Puissance, pouvoir, fort, substance, (+) vaillant, valeur, vertueux, guerre, digne.

Dans le *Brown – Driver – Briggs Hebrew Lexicon* (Lexique), nous découvrons que *chayil* veut dire « force, puissant, efficace, richesse, armée, habileté, vaillant… » Cela est comme la puissance que Dieu a donnée à Gédéon pour faire de lui un puissant homme de valeur. Il se voyait faible et comme un échec, mais Dieu lui a dit, *« Va avec cette force que tu as, et tu sauveras Israël de la main de Madian, n'est-ce pas moi qui t'envoie ? »*

> *L'Ange de l'Éternel lui apparut et lui dit : L'Éternel est avec toi vaillant héros ! Gédéon lui dit : Ah ! mon seigneur, si l'Éternel est avec nous, pourquoi tout cela nous est-il arrivé ? Et où sont tous ses*

Sa lumière, Sa Puissance, Sa présence, Sa Gloire

> *prodiges que nos pères nous racontent, quand ils disent : l'Éternel ne nous a-t-il pas fait monter hors d'Égypte ? Maintenant, l'Éternel nous abandonne et nous livre entre les mains de Madian !*
> *L'Éternel se tourna vers lui et dit : Va avec cette force que tu as, et tu sauveras Israël de la main de Madian ; n'est-ce pas moi qui t'envoie ? Il lui répondit : Ah ! mon seigneur, avec quoi sauverai-je Israël ? Voici que ma parenté est la plus pauvre en Manassé, et je suis le plus petit dans la maison de mon père. L'Éternel lui dit : Mais je serai avec toi et tu battras Madian comme un seul homme. Il lui répondit : Si j'ai obtenu ta faveur, donne-moi un signe que c'est toi qui me parles.* **Juges 6.12-17**

Un des meilleurs versets dans les Écritures concernant la puissance de Dieu se trouve dans le livre des Actes. La puissance est venue lorsque l'Esprit est venu :

> *Mais vous recevrez une puissance, celle du Saint-Esprit survenant sur vous, et vous serez mes témoins à Jérusalem, dans toute la Judée, dans la Samarie et jusqu'aux extrémités de la terre.* **Actes 1.8**

Chayil, la gloire, est la manifestation de la puissance et de la gloire du Seigneur Jésus Christ, par son Esprit,

La Puissance de son Esprit

dans et à travers ses serviteurs. C'est la puissance pour témoigner :

Jésus a eu la conversation suivante avec ses disciples :

> *Comme il se trouvait avec eux, il leur recommanda de ne pas s'éloigner de Jérusalem, mais d'attendre la promesse du Père dont, leur dit-il, vous m'avez entendu parler ; car Jean a baptisé d'eau, mais vous, dans peu de jours, vous serez baptisés d'Esprit Saint. Eux donc, réunis, demandèrent : Seigneur, est-ce en ce temps que tu établiras le royaume pour Israël ? Il leur répondit : Ce n'est pas à vous de connaître les temps ou les moments que le Père a fixés de sa propre autorité. Mais vous recevrez une puissance, celle du Saint-Esprit survenant sur vous, et vous serez mes témoins à Jérusalem, dans toute la Judée, dans la Samarie et jusqu'aux extrémités de la terre.* Actes 1.4-8

Quand l'Esprit est venu sur les croyants le jour de la Pentecôte, ils sont sortis et ont commencé à témoigner aux autres. La puissance de l'Esprit est la puissance qui sauve, guérit, délivre et vainc n'importe quel ennemi. Dieu est pratique, et il veut nous rendre puissants, nous donnant la puissance de gagner, la puissance de vaincre. C'est cela la puissance du Saint-Esprit !

Sa lumière, Sa Puissance, Sa présence, Sa Gloire

Les premiers croyants ont prié pour la puissance d'accomplir des signes, des prodiges et des miracles :

> *Et maintenant, Seigneur, sois attentif à leurs menaces, et donne à tes serviteurs d'annoncer ta parole en toute assurance : étends ta main, pour qu'il se produise des guérisons, des signes et des prodiges, par le nom de ton saint serviteur Jésus.*
> Actes 4.29-30

Lorsqu'ils ont fait cette prière, il y eut encore plus de puissance qui vint les couvrir :

> *Quand ils eurent prié, le lieu où ils étaient assemblés trembla ; ils furent tous remplis du Saint-Esprit, et ils annonçaient le Parole de Dieu avec assurance.* Actes 4.31

L'Esprit du Seigneur était sur Jésus :

> *Puis un rameau sortira du tronc d'Isaï, et le rejeton de ses racines fructifiera. L'Esprit de l'Éternel reposera sur lui : Esprit de sagesse et d'intelligence Esprit de conseil et de vaillance, Esprit de connaissance de crainte de l'Éternel.*
> Ésaïe 11.1-2

La Puissance de son Esprit

Il est l'Esprit de force, l'Esprit de sagesse, l'Esprit de conseil et l'Esprit d'un esprit sain. Nous avons besoin de lui et des dons qu'il impartit, les rêves et les visions qu'il donne, et nous avons besoin de venir en sa présence pour avoir des temps de rafraîchissement. C'est la saison dans laquelle nous sommes, la restauration de toutes choses, le modèle biblique de l'Église des temps de la fin, du 21ième siècle, qui émerge.

On nous dit que des temps de rafraîchissement, de réveil, vont venir en présence du Seigneur, jusqu'à la restauration de toutes choses.

> *Repentez-vous donc et convertissez-vous, pour que vos péchés soient effacés, afin que des temps de rafraîchissement viennent de la part du Seigneur, et qu'il envoie celui qui vous a été destiné, le Christ Jésus. C'est lui que le ciel doit recevoir jusqu'aux temps du rétablissement de tout ce dont Dieu a parlé par la bouche de ses saints prophètes d'autrefois.* Actes 3.19-21

Quand je prie, je prie dans le nom de Jésus Christ, ce nom au-dessus de tout autre nom, mais je prie aussi dans la puissance du Saint-Esprit. Il est la puissance sur la terre aujourd'hui, et nous avons tous besoin de connaître la puissance du Saint-Esprit.

Sa lumière, Sa Puissance, Sa présence, Sa Gloire

Nous avons aussi besoin des dons de l'Esprit et vous ne pouvez les avoir sans qu'ils vous soient donnés par l'Esprit. Vous devez d'abord connaître le Saint-Esprit et développer une relation avec lui pour recevoir la puissance qu'il offre. C'est la puissance pour combattre personnellement et c'est la puissance pour changer votre monde. Cette puissance du Saint-Esprit est transformatrice. Elle nous transforme et transforme les autres.

Être affamé pour la puissance de l'Esprit de Dieu est l'une des clés pour l'obtenir. J'étais affamé il y a 20 ans, et je suis toujours affamé aujourd'hui. En fait, je le répète, je suis encore plus affamé maintenant qu'avant. Je suis totalement dépendant de la puissance de Dieu, la puissance, la puissance de guérir et la puissance de délivrer !

Paul a écrit :

> *Je vous exhorte donc, frères, par les compassions de Dieu, à offrir vos corps comme un sacrifice vivant, saint, agréable à Dieu, ce qui sera de votre part un culte raisonnable.*   Romains 12.1

Si vous êtes sauvés et je veux dire vraiment sauvés, je parle ici d'être tellement sauvés, il y a alors une seule manière de répondre à celui qui vous a sauvés. Si Jésus est actuellement venu et a sauvé votre vie, la seule

La Puissance de son Esprit

réponse appropriée de votre part est de vous donner vous-mêmes comme un sacrifice vivant pour lui.

Paul a continué :

Ne vous conformez pas au monde présent, mais soyez transformés pas le renouvellement de l'intelligence, afin que vous discerniez quelle est la volonté de Dieu : ce qui est bon, agréable et parfait. Romains 12.2

Nous ne devons pas nous conformer à ce monde et nous ne devons pas non plus nous conformer à l'église du monde. L'église du monde aimerait que l'esprit de religion vienne sur nous et nous pousse à se contenter de moins que ce que Dieu a préparé pour nous. Nous devons être différents. Nous devons demeurer dans le prophétique, prêts à payer n'importe quel prix pour voir la puissance de Dieu devenir réelle pour ceux qui ont faim et soif pour elle.

Nous avons besoin de la puissance et de la présence de l'Esprit de Dieu pour gagner la guerre, pour nous-mêmes afin que nous changions, changer nos circonstances et le monde qui nous entoure. Nous avons besoin de la puissance pour guérir et pour délivrer. Cette puissance attend pour nous. Alors, qu'attendez-vous ? Combattez aujourd'hui pour *Sa Lumière, Sa Puissance, Sa Présence, Sa Gloire.*

Sa lumière, Sa Puissance, Sa présence, Sa Gloire

Notre Père qui est aux cieux,

Merci pour une onction fraîche, un déversement frais de la puissance de ton Esprit dans nos vies, une manifestation fraîche des dons et de la puissance de ton Esprit.

Dans le nom de Jésus,
Amen !

―― **Une pensée à retenir** ――

NOUS AVONS TOUS BESOIN DES DONS DE L'ESPRIT, ET VOUS NE POUVEZ PAS AVOIR LES DONS SANS L'ESPRIT QUI LES DONNE !

Chapitre 7

La Puissance de Sa Parole

Car la parole de Dieu est vivante et efficace, plus acérée qu'aucune épée à double tranchant ; elle pénètre jusqu'à la division de l'âme et de l'esprit, des jointures et des moelles ; elle est juge des sentiments et des pensées du cœur.   Hébreux 4.12

J'ai été sauvé à travers la Parole de Dieu. Personne ne m'a prêché. En fait, je ne connaissais pas une seule personne qui soit sauvée. Je ne savais même pas ce qu'était le salut ou ce que signifiait d'être né à nouveau. J'avais été élevé Catholique, mais je n'étais même pas un vrai Catholique, mes parents n'étaient pas de bons Catholiques non plus. Ils étaient de bons païens. J'ai donc mené ma vie comme je l'entendais jusqu'à ce que je me retrouve dans une place de désespoir. C'est à ce moment, par la puissance de son Esprit et la puissance de sa Parole, que Dieu m'a sauvé.

La Puissance de Sa Parole

Quand j'étais en 5ième année, on nous avait fait choisir une portion de la Bible à lire devant toute la classe. J'ai choisi le Psaumes 23 et on m'a demandé de lire à haute voix. Ce fut la dernière fois pour moi de lire quelque chose dans la Bible.

Mais, maintenant, j'étais dans une place de désespoir dans ma vie et soudainement la présence du Seigneur s'est manifestée dans la pièce et a commencé à faire fondre mon cœur. Je me souviens qu'il y avait un petit Nouveau Testament quelque part dans le désordre de cette maison, la version Catholique de Saint-Joseph. J'ai commencé à la chercher. Je ne me rappelle pas depuis combien de temps ce Nouveau Testament était là, mais je ne l'avais jamais lu avant ce moment. Je l'ai trouvé, je l'ai ramassé avec gratitude et commencé à le lire.

La présence de Dieu est devenue tellement puissante que je me suis mis à pleurer. Cela faisait des années que je n'avais pas pleuré. Je commençais à sentir l'amour de Dieu comme je ne l'avais jamais senti auparavant, son amour exprimé à travers la puissance de sa Parole. J'avais le cœur endurci par les sports violents que j'avais pratiqués, mais ce jour-là j'ai été sauvé en lisant les paroles de Jésus à Nicodème.

Jésus lui répondit : En vérité, je te le dis, si un homme ne naît pas de nouveau il ne peut voir le royaume de

Sa lumière, Sa Puissance, Sa présence, Sa Gloire

> *Dieu. Nicodème lui dit : Comment un homme peut-il naître quand il est vieux ? Peut-il une seconde fois entrer dans le sein de sa mère et naître ? Jésus lui répondit : En vérité, en vérité, je te le dis, si un homme ne naît d'eau et d'Esprit, il ne peut entrer dans le royaume de Dieu. Ce qui est né de la chair est chair, et ce qui est né de l'Esprit est esprit. Ne t'étonne pas que je t'aie dit : il faut que vous naissiez de nouveau. Le vent souffle où il veut, et tu en entends le bruit ; mais tu ne sais pas d'où il vient ni où il va. Il en est ainsi de quiconque est né de l'Esprit.* Jean 3.3-8

Là, dans la tranquillité de mon foyer, sans personne d'autre autour, j'étais sauvé. Oui, il y a de la puissance dans la Parole de Dieu.

J'ai commencé à lire la Bible à partir de ce moment, mais je comprenais peu les choses que je lisais et je n'avais personne pour m'aider. Cependant, de temps en temps, un certain verset ou certains mots semblaient soudainement s'illuminer et signifiaient quelque chose de merveilleux pour moi.

Je ne fréquentais aucune église. J'avais en quelque sorte grandi dans la rue. Mais, je comprenais ce qu'était la puissance. Quand j'ai découvert qu'il y avait un autre baptême, le baptême du feu, le baptême du Saint-Esprit, un baptême de puissance, j'ai été immédiatement intéressé. La puissance m'intéressait. Je savais que j'avais besoin de puissance pour gagner dans la vie.

Pendant, environ, les 60 premiers jours de ma nouvelle existence en Christ, il y a eu une abondance incroyable de grâce sur ma vie. Tout était différent. Le ciel était plus bleu qu'il ne l'était auparavant et l'herbe plus verte. Tout était nouveau et frais, mais il y avait en même temps une guerre qui se déroulait à l'intérieur de moi. Dieu résolvait les problèmes de ma vie.

Dieu a non seulement le pouvoir de sauver ; il a aussi le pouvoir de délivrer. J'avais combattu avec la drogue et l'alcool et des péchés de toutes sortes, et j'avais besoin de puissance si je voulais survivre à cette bataille qui se produisait à l'intérieur de moi. Heureusement, je savais que j'avais besoin de puissance et j'ai commencé à crier à Dieu pour recevoir cette puissance. J'avais vu dans sa Parole qu'elle était disponible. Le résultat en fut qu'un jour je me suis arrêté le long de la route je suis sorti de mon véhicule et je me suis prosterné en prière le long de la route dans mon costume d'affaires. En un instant, le Seigneur m'a souverainement baptisé du Saint-Esprit le long de la route avec la circulation qui passait dans les deux directions.

Quand j'ai reçu le baptême du Saint-Esprit, je n'ai pas seulement reçu le Saint-Esprit ; j'ai reçu le Saint-Esprit *et la puissance*. À partir de ce moment, j'ai commencé

Sa lumière, Sa Puissance, Sa présence, Sa Gloire

à avoir des rêves et des visions, et les dons de l'Esprit ont commencé à se manifester en moi (même si je ne savais pas ce qu'ils étaient à ce moment-là).

Il n'y avait pas d'église où je puisse aller pour être aidé, mais j'ai commencé à lire tout ce que je pouvais dans la Parole et croire tout ce que je lisais. Je ne l'ai pas seulement lu ; j'ai commencé à l'appliquer à ma vie quotidienne.

Les rêves et les visions que j'ai commencés à recevoir était très réels et vivants, et j'ai appliqué à ma vie personnelle et mon entreprise ce que j'apprenais à travers eux. Les choses ont commencé à s'améliorer pour moi. Pour gagner la guerre, nous aurons besoin de la puissance de la Parole de Dieu.

Nous disons que Dieu est amour et il l'est certainement. Cependant, il sait aussi comment aller à la guerre et vaincre notre ennemi. Il est un homme de guerre. Vous et moi avons besoin de lui, sa présence et sa puissance comme jamais auparavant puisque nous sommes engagés dans les batailles des temps de la fin. Cette puissance se trouve dans sa Parole.

L'Église du Seigneur Jésus Christ est née dans la puissance au premier siècle. Elle fut bâtie dans la puissance par les premiers apôtres. À certains moments, ils étaient si sévèrement persécutés qu'ils fuyaient pour leur vie. Lorsque cela était nécessaire, ils gardaient leur position

La Puissance de Sa Parole

dans la puissance de l'Esprit et triomphaient. L'Esprit qui était sur eux leur donnait une sainte audace pour affronter tous les défis et gagner. Tout ce livre porte sur la puissance et la présence de Dieu et la manière d'accéder à cette puissance pour changer et impacter des vies pour Christ. Cela exige que nous connaissions la puissance de sa Parole.

Comme je l'ai dit, personne ne m'a conduit au Seigneur. Il m'a souverainement sauvé à travers sa Parole. C'est ainsi que j'ai aimé la Parole depuis le premier jour de ma nouvelle vie chrétienne. J'ai été sauvé à travers la lecture de l'Évangile de Jean alors que Jésus parle à Nicodème (Jean 3). J'aime aussi les paroles d'ouverture de Jean :

> *Au commencement était la Parole, et la Parole était avec Dieu, et la Parole était Dieu. Elle était au commencement avec Dieu. Tout a été fait par elle, et rien de ce qui a été fait n'a été fait sans elle. En elle était la vie, et la vie était la lumière des hommes.* Jean 1.1-4

La Parole me dit que sans la foi je ne peux pas plaire à Dieu et Romains me dit que « *ainsi la foi vient de ce qu'on entend, et ce qu'on entend vient de la parole du Christ* » (Romains 10.17)

Sa lumière, Sa Puissance, Sa présence, Sa Gloire

En parlant du combat spirituel, Paul a écrit aux Éphésiens que celui-ci devait être fait par « *l'épée de l'Esprit, qui est la Parole de Dieu* » (Éphésiens 6.17). Nous devons combattre avec cette arme parce qu'elle est puissante.

La Parole de Dieu m'éprouve, repousse mes limites et travaille en moi. Dieu a dit à Josué que s'il voulait réussir en toutes choses, il devait être « *fort et courageux* » (Josué 1.7). Ensuite, au verset 6, il dit :

> *Ce livre de la loi ne s'éloignera pas de ta bouche ; tu y méditeras jour et nuit pour observer et mettre en pratique tout ce qui y est écrit, car c'est alors que tu mèneras à bien tes entreprises, c'est alors que tu réussiras.* Josué 1.8

Le livre de la loi correspond au *logos* de la Parole, la parole écrite, mais il y a aussi la parole *rhema* qui ressort et vous parle dans le maintenant. Elle devient vivante en vous et vous motive à faire la volonté de Dieu. Il y a aussi la Parole parlée, prêchée ou témoignée et il y a la parole prophétique. Cela peut venir à travers les autres ou par ma confession et la profession de foi ou la déclaration et la proclamation :

> *Depuis que tu existes, as-tu commandé au matin ? As-tu fait connaître sa place à l'aurore, pour qu'elle*

La Puissance de Sa Parole

saisisse les bords de la terre, et que les méchants en soient secoués ? Job 38.12-13

La Nouvelle Version Internationale le dit de cette manière :

N'as-tu jamais donné des ordres au matin, ou montré à l'aurore sa place, afin qu'elle prenne la terre par les bords et secoue les méchants dehors ?

Je déclare la vérité de la Parole sur moi-même dans ma prière de couverture quotidienne. Je fais des proclamations comme par exemple, « je suis en santé, prospère et sage. » « Je suis rempli du Saint-Esprit et habilité pour accomplir la volonté et l'œuvre du Seigneur, habilité avec la foi, l'espérance, la joie, la patience, la sagesse, le courage et par-dessus tout, l'amour de Dieu. » « J'aime le Seigneur, et sa lumière brille en moi. Donc, l'onction augmente en moi chaque jour. »

La Parole de Dieu a ce pouvoir de toujours être nouvelle pour nous. Il y a nombreux mystère dans sa Parole, et il prend plaisir à nous les révéler peu à peu. Ces mystères ne nous sont pas cachés, mais plutôt, cachés pour nous et pour nos enfants. De plus, nous sommes dans la saison dans laquelle plusieurs de ces mystères nous sont révélés. Le fait de comprendre la Parole de

Sa lumière, Sa Puissance, Sa présence, Sa Gloire

Dieu va rendre capable de vaincre et de faire des choses puissantes pour son royaume.

La Parole de Dieu n'est pas, comme certains croient, un Évangile mystique. Elle est très simple et très pratique, afin que nous puissions tous la comprendre et la croire.

Dieu appelle les gens simples de cœur parce que ce sont eux qui par sa Parole peuvent faire une différence dans le monde. Il n'appelle pas ceux qui sont sages à leurs propres yeux.

Aimez-vous la Parole ? Croyez-vous ce qu'elle dit ? Alors, qu'attendez-vous pour commencer à combattre aujourd'hui pour *Sa Lumière, Sa Puissance, Sa Présence, Sa Gloire.*

Père,

Je te remercie pour ta Parole. Il y a de la puissance dans ta Parole. Je te demande maintenant, dans le nom de Jésus, que tu illumines ta Parole et l'utilise pour apporter une orientation et une direction rhema à nos vies. Je pris pour qu'un Esprit de révélation, de sagesse et de compréhension soit relâché en ce moment et dans cette saison, alors que nous cherchons à te connaître encore plus.

Dans le nom de Jésus,
Amen !

— Une pensée à retenir —

DIEU APPELLE LES GENS SIMPLES DE CŒUR PARCE QUE DES GENS SIMPLES DE CŒUR HABILETÉS PAR SA PAROLE PEUVENT FAIRE UNE DIFFÉRENCE DANS LE MONDE !

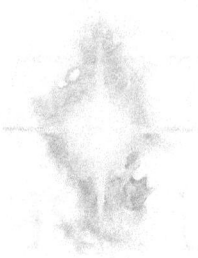

Chapitre 8

La Puissance de l'Unité

Voici qu'il est bon, qu'il est agréable pour des frères d'habiter unis ensemble ! C'est comme l'huile la meilleure qui répandue sur la tête, descend sur la barbe, sur la barbe d'Aaron, qui descend sur le bord de ses vêtements. C'est comme la rosée de l'Hermon, qui descend sur les montagnes de Sion ; car c'est là que l'Éternel donne la bénédiction, la vie, pour l'Éternité. Psaumes 133.1-3

Il y a une puissance à notre disposition en tant qu'individu, mais il y a encore plus de puissance pour nous lorsque nous joignons les mains et unissons nos cœurs. Il n'y a rien de comparable à la puissance de l'unité et la puissance de l'harmonie parmi des frères.

Lorsque Fred et Val Bennet étaient avec nous à Pensacola pour une fin de semaine sur le mariage, il a dit

La Puissance de l'Unité

quelque chose qui a établi une pierre de fondation dans mon cœur et ma vie : « Je veux être plus un aujourd'hui qu'hier. » Il parlait de la puissance de l'unité du mariage, en alliance, au sujet du travail d'équipe dans le ministère, en affaires et dans la vie. La Parole de Dieu déclare à ce sujet :

> *En vérité je vous dis encore que si deux d'entre vous s'accordent sur la terre pour demander quoi que ce soit, cela leur sera donné par mon Père qui est dans les cieux.*
> *Car là où deux ou trois sont assemblés en mon nom, je suis au milieu d'eux.* Matthieu 18.19-20

Lorsque nous nous nous unissons, nous honorons la présence du Seigneur au milieu de nous à travers un esprit d'unité et d'harmonie. Que ce soit une équipe de leadership ou un groupe de n'importe quelle nature, il y a de la puissance dans l'unité, la puissance de multiplication de la force.

La Bible nous dit qu'un peut en chasser mille, mais que de joindre notre force avec celle de quelqu'un d'autre peut en chasser dix milles (voir Deutéronome 32.30). Wow ! La puissance de l'unité est incroyable. Ajouter juste une personne peut multiplier notre force dix fois. C'est très puissant.

Sa lumière, Sa Puissance, Sa présence, Sa Gloire

Pensez pour un instant à une équipe de louange de six ou huit ou même dix personnes et imaginez ce qu'elles peuvent accomplir si elles viennent ensemble dans une véritable unité. Elle aurait plus de puissance que nécessaire contre n'importe quelles forces démoniaques qui voudraient s'opposer à elle. Et cette même vérité s'applique à n'importe quel groupe avec un dessein.

Cela commence toujours avec un individu, mais la puissance de l'unité n'est pas la puissance d'un individu, mais plutôt la puissance de plusieurs individus travaillant dans un même accord. Dans cette place d'unité, chacun apporte son individualité à la table, ses dons particuliers, talents et habiletés, et personne n'est plus grand ou plus élevé que les autres.

Chacun de nous ne peut marcher que selon la mesure de la révélation qu'il possède, mais lorsque nous marchons en unité avec les autres, il y a une rare complémentarité. La combinaison de la connaissance de chacun de nous nous rend plus forts. Nous n'entrons pas en compétition les uns envers les autres, mais plutôt en se complétant les uns les autres. Chacun apporte ses propres pensées, son contexte et ses expériences à la table en unité, mais Christ est aussi au milieu de nous, et nous avons accès à la pensée de Christ, la grande puissance créatrice de Dieu.

Si Dieu est au milieu de nous, et que nous sommes en unité les uns avec les autres, Dieu va se révéler à nous, pas seulement à travers sa sagesse et sa compréhension (laquelle constitue l'élément le plus important de la révélation), mais aussi à travers l'information que nous avons tous recueillie – que ce soit par notre éducation, nos expériences, nos recherches ou nos relations. Personne ne reçoit la gloire et cette accumulation de la révélation et de l'information à travers l'unité nous ouvre la pensée de Christ.

Je passe une partie de l'année au Canada et l'autre en Floride. J'étais au Canada depuis quelques mois et mon cœur fut touché lorsque j'ai lu un commentaire sur le site internet de « The Dwelling Place » qui disait, « Nos pasteurs reviennent à la maison ! » Quel honneur ce fut pour moi d'entendre les gens de Pensacola nous appeler « nos pasteurs ». Comme plusieurs le savent, ce n'est pas mon don ou mon appel, mais j'ai reçu ces paroles comme un signe de tendresse et de respect. Chacun de nous doit agir, non selon un titre, un contexte ou l'intelligence, mais à travers le cœur d'unité qui est en Christ. Cette action de notre part va apporter le cœur de Christ dans chaque situation, circonstance et discussion.

J'ai une perspective un peu différente, de la plupart, du rôle de pasteur. J'honore et remercie Dieu pour mon pasteur, mais nous, le peuple de Dieu, n'existons pas pour le pasteur. Cette puissance est à la portée de tous. J'existe en tant que pasteur pour servir mes gens et mon Dieu

Sa lumière, Sa Puissance, Sa présence, Sa Gloire

en habitant et équipant son peuple afin qu'ils puissent répondre à leur appel. C'est insuffisant pour eux de m'observer répondre à mon appel. Le royaume de Dieu est un royaume à l'envers. Il existe pour équiper et servir son Corps. Je suis là pour eux et non pas eux pour moi.

Ce principe puissant n'est pas basé sur un titre, un ministère ou un appel. C'est accessible pour tous les croyants, chaque couple, chaque ministère et entreprise, chaque équipe. Ce n'est pas le nom qui est écrit sur l'arrière du chandail de l'équipe qui est important, mais celui qui est écrit sur le devant. C'est cela la puissance de faire un, la puissance de l'équipe, la puissance de l'unité et l'harmonie.

Où commençons-nous ? Nous commençons avec notre relation par alliance – notre mariage et notre famille chrétienne – se regroupant autour de la vision de Dieu, pas autour de l'homme ou de la femme. Nous honorons Dieu parmi nous et la révélation qu'il donne lorsque nous enveloppons nos cœurs en unité autour de celle-ci.

Allez vers quelqu'un dans votre vie, amis ou membres de la famille, avec qui vous avez permis qu'une chose vous divise ou vous sépare. Revenez, par la suite, rapidement en unité. C'est aussi facile que cela. Deux personnes ne sont pas toujours d'accord au sujet de tout. Nous devons alors choisir d'être en accord afin d'accéder à la puissance et la bénédiction de l'unité.

La Puissance de l'Unité

Lorsque nous sommes en unité, nos problèmes sont moins lourds parce que nous portons et partageons ces problèmes ensemble. Nos victoires sont deux fois meilleures parce que nous avons quelqu'un pour les célébrer. Peu importe l'épreuve ou le test, peu importe combien brûlantes les choses deviennent, Jésus a dit qu'il ne nous laisserait ou ne nous abandonnerait jamais.

Vous souvenez-vous de ces trois jeunes Hébreux qui furent jetés dans la fournaise ? Jésus est apparu au milieu d'eux et les a protégés des flammes, leur montrant sa fidélité devant le roi Neboukadnetsar :

> *Et ces trois hommes, Chadrak, Méchak et Abed-Nego tombèrent liés au milieu de la fournaise ardente. Alors le roi Neboukadnetsar fut effrayé et se leva précipitamment. Il prit la parole et dit à ses conseillers : N'avons-nous pas jeté au milieu du feu trois hommes liés ? Ils répondirent au roi : Certainement, ô roi ! Il reprit et dit : Eh bien ! je vois quatre hommes sans liens, qui marchent au milieu du feu et qui n'ont pas de mal ; et l'aspect du quatrième ressemble à celui d'un fils des dieux.*   Daniel 3.23-25

Ces trois hommes étaient en unité. Ils n'ont pas bronché. Ils sont demeurés fermes, ont été d'accord et le Seigneur est venu pour eux.

Sa lumière, Sa Puissance, Sa présence, Sa Gloire

Je sais que l'unité n'est pas une chose facile. Il n'est jamais facile pour un homme ou une femme de déposer sa vision personnelle sur l'autel pour la gloire plus grande qui vient d'une vision corporative. Ce n'est jamais facile de déposer son désir de prêcher ou enseigner et prophétiser. J'aime la description des quatre êtres vivants. Peu importe la direction dans laquelle ils allaient, c'était toujours par en avant. Quand vous vous conformez à la vision corporative, vous pouvez avoir l'impression que vous reculez ou déviez, mais cela vous conduit à un endroit d'unité et vous ne pouvez pas perdre. Cela va toujours vous faire avancer.

Présentement, nous sommes dans un désordre terrible en Amérique du Nord, et il a besoin d'être adressé d'une manière ou d'une autre. Il ne peut pas être rectifié par le travail d'un homme, la pensée d'un homme ou la parole d'un homme. Nous avons besoin de la puissance qui peut être trouvée seulement en Dieu. Nous avons besoin de sa présence, nous avons besoin de la puissance de l'unité.

L'une des choses que les Écritures nous montrent qui va arriver, dans les temps de la fin, est un puissant Esprit d'unité qui va venir sur le Corps de Christ, faisant tomber toutes les barrières. Que nous en avons besoin !

Je n'ai jamais vu plus de division que ce que je vois présentement en Amérique du Nord. Nous sommes maintenant dans une place de désespoir et cela nous positionne pour un miracle. Dieu est prêt à faire ce miracle et il le fera par sa puissance.

La puissance de l'unité va venir sur le Corps de Christ, et nous allons commencer à demander sa bénédiction. Ceci va faire tomber les barrières qui nous séparent – race, genre, dénomination et toutes les autres stupidités que l'homme a introduit. Une nouvelle unité va résulter de la chute de ces barrières. La puissance de l'unité est le prélude à la bénédiction. Soyez prêts pour cela. Nous aurons *Sa Lumière, Sa Puissance, Sa Présence, Sa Gloire.*

Cher Jésus,

Je déclare ta prière, telle que rapporté dans Jean 17.20-22, sur tout le Corps de Christ aujourd'hui :

« Ce n'est pas pour eux seulement que je prie, mais encore pour ceux qui croiront en moi par leur parole, afin que tous soient un ; comme toi, Père, tu es en moi, et moi en toi, qu'eux aussi soient un en nous, afin que le monde croie que tu m'as envoyé. Et moi, je leur ai donné la gloire que tu m'as donnée, afin qu'ils soient un comme nous sommes un.

Jean 17.20-22

Amen !

— Une pensée à retenir —

JE N'AI JAMAIS VU AUTANT DE DIVISION QUE J'EN VOIS PRÉSENTEMENT EN AMÉRIQUE DU NORD. NOUS SOMMES MAINTENANT DANS UNE PLACE DE DÉSESPOIR ET CELA NOUS POSITIONNE POUR UN MIRACLE !

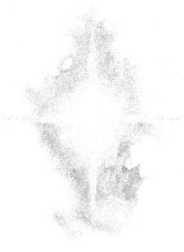

Chapitre 9

La Puissance pour Acquérir la Richesse

Ce livre de la loi ne s'éloignera pas de ta bouche ; tu y méditeras jour et nuit pour observer et mettre en pratique tout ce qui y est écrit, car c'est alors que tu mèneras à bien tes entreprises, c'est alors que tu réussiras.   Josué 1.8

Comme plusieurs d'entre vous savez déjà que je ne suis pas ce qui est communément appelé « un prédicateur pour la prospérité ». Cependant, je ne prêcherai jamais un Évangile de pauvreté non plus. Le vrai message de l'Évangile est que Dieu veut que nous prospérions comme notre âme prospère. Il veut nous bénir pour la même raison qu'il bénit Abraham, et c'était d'être une bénédiction pour les autres. Dieu veut nous bénir et nous faire prospérer. Il veut que

Sa lumière, Sa Puissance, Sa présence, Sa Gloire

nous réussissions. Ainsi, nous pouvons conclure que Dieu veut nous faire prospérer pour un dessein comme notre âme prospère (voir 3 Jean 1.2-4), afin que nous soyons une bénédiction pour les autres et faire avancer son royaume.

Sa Parole déclare :

> *Tu te souviendras de l'Éternel, ton Dieu, car c'est lui qui te donne de la force pour acquérir ces richesses, afin de confirmer, comme il le fait aujourd'hui, son alliance qu'il a jurée à tes pères. Si tu oublies vraiment l'Éternel, ton Dieu, et que tu te rallies à d'autres dieux, si tu leur rends un culte et te prosternes devant eux, je vous atteste aujourd'hui que vous périrez.*
>
> Deutéronome 8.18-19

Dieu veut que nous nous rappelions de lui lorsque nous acquérons la richesse, un statut, l'influence et le succès. Il veut aussi que nous reconnaissions que c'est lui (et pas nous-mêmes) qui nous a donné l'habileté. Il nous fait aussi connaître clairement pourquoi nous sommes bénis. C'est à cause de l'alliance qu'il a fait avec nos ancêtres. Notre Dieu est un Dieu d'alliance et qui garde l'alliance. Comme nous l'avons vu, son nom est Fidèle et Véritable.

La Puissance pour Acquérir la Richesse

Après avoir réussi à un certain degré en affaires et dans les sports et venant d'un passé relativement pauvre, parfois les gens me qualifiaient de « l'homme qui s'est fait lui-même», ce qui est faux et c'est la dernière chose que je voudrais que les gens pensent de moi.

Je veux de tout mon cœur être et laisser les gens savoir que je suis un « homme que Dieu a fait ». Ma vie était un désordre total avant de le connaître. Il a transformé mon désordre en miracle et je lui attribue tout le succès que j'ai pu avoir. C'est grâce à son amour, sa miséricorde, sa grâce et sa patience à conjuguer avec moi et mes voies que je dois la réussite que j'ai eue. Ses voies sont vraiment au-dessus de nos voix et ses pensées au-dessus de nos pensées.

Dieu m'a aidé de nombreuses fois à réussir malgré moi. Il est bon tout le temps et tout le temps, il est bon.

La prospérité dans la Bible est toujours reliée à donner et il y a quatre systèmes bibliques que nous pouvons utiliser pour donner :

DONNER NOS DÎMES

Un être humain peut-il frustrer Dieu ? Car vous me frustrez et vous dites : en quoi t'avons-nous frustré ? C'est sur la dîme et les offrandes ! Vous êtes frappés par la malédiction et vous me frustrez,

Sa lumière, Sa Puissance, Sa présence, Sa Gloire

> *la nation toute entière ! Apportez à la maison du trésor toute la dîme, afin qu'il y ait des provisions dans ma Maison ; mettez-moi de la sorte à l'épreuve, dit l'Éternel des armées. Et vous verrez si je n'ouvre pas pour vous les écluses du ciel, si je ne déverse pas pour vous la bénédiction, au-delà de toute mesure. Pour vous je menacerai celui qui dévore, et il ne vous détruira pas les fruits du sol, et la vigne ne sera pas stérile dans vos campagnes, dit l'Éternel des armées. Toutes les nations vous diront heureux, car vous serez un pays de délices, dit l'Éternel des armées.* Malachie 3.8-12

Mave, moi-même et notre ministère croyons dans la dîme. Certaines personnes vont stipuler que c'est un modèle de l'Ancien Testament, mais nous croyons que Dieu l'a clairement confirmé et l'a situé à un niveau encore plus élevé dans le Nouveau Testament.

Si vous cherchez un modèle pour donner dans le Nouveau Testament, vous verrez que c'est bien plus que dix-pour cent. C'est une alliance d'intendance. Cela signifie que tout ce qui appartient à Jésus nous appartient, mais cela signifie que tout ce qui nous appartient lui appartient aussi. Nous devons être des intendants fidèles de tout ce qu'il nous donne.

Quand vous donnez votre dîme Dieu promet de briser la malédiction qu'il y a sur vos finances et d'ouvrir les écluses du ciel et de vous verser une bénédiction que vous serez incapable de contenir. Wow ! Pourquoi ne donnerions-nous pas la dîmes ?

DONNER DES OFFRANDES

Fais-lui un don, et que ton cœur ne lui donne pas à regret ; car, à cause de cela l'Éternel, ton Dieu, te bénira dans tous tes travaux et dans toutes tes entreprises. Il ne manquera pas de pauvres au milieu du pays ; c'est pourquoi je te donne ce commandement : Tu devras ouvrir ta main à ton frère, au malheureux et au pauvre dans ton pays.
Deutéronome 15.10-11

Corneille, un centurion Romain, un officier de cette fameuse armée, a attiré l'attention de Dieu en envoyant un parfum de bonne odeur au ciel par ses aumônes (voir Actes 10).

DONNER NOS PRÉMICES

Honore L'Éternel avec tes biens et avec les prémices de tout ton revenu : alors tes greniers seront abondamment remplis, et tes cuves regorgeront de vin nouveau.   Proverbes 3.9-10

Sa lumière, Sa Puissance, Sa présence, Sa Gloire

Que je récolte ou que je commence quelque chose de nouveau, il est toujours de mise pour moi de donner de mes prémices. Dieu a promis que mes cuves regorgeront de vin nouveau. Si vous cherchez le vin nouveau dans la nouvelle chose que vous êtes en train de faire, elle est relâchée lorsque vous donnez vos premiers fruits.

Comprendre les Semailles et la Moisson

Tant que la terre subsistera, les semailles et la moisson, le froid et la chaleur, l'été et l'hiver, le jour et la nuit ne cesseront pas. Genèse 8.22

Votre vie change une fois que vous recevez la révélation de la semence et de la récolte. Dieu a lié les lois spirituelles avec les lois naturelles pour nous faire connaître ce principe spirituel. Cela fait partie d'une alliance perpétuelle que Dieu a fait avec Noé et comme le jour et la nuit, elle n'a pas de fin.

Ce principe ne s'applique pas seulement aux finances, mais à tout autre domaine de votre vie. Lorsque vous comprendrez ce principe, vous allez vouloir tout transformer ce qui fait partie de votre vie en une semence et la semer dans le royaume de Dieu : votre temps, votre énergie, votre créativité, votre talent, votre habileté…

La Puissance pour Acquérir la Richesse

tout ce que vous avez et tout ce que vous êtes.

Nous ne pouvons tout simplement pas donner plus que Dieu peut donner. Il ne peut rien nous devoir. Vous venez à lui avec une cuillère et il vient à vous avec une pelle. Si vous venez à lui avec une pelle, il va venir à vous avec un chargeur frontal. Mettez-le à l'épreuve avec ceci !

Rappelez-vous : il est le Seigneur de la récolte. Ses yeux sont sur la semence parce que son cœur est dans la récolte.

Un mandat comme celui dans Ésaïe 60 s'en vient sur l'Église :

> *Lève-toi, brille, car ta lumière paraît, et la gloire de l'Éternel se lève sur toi.* Ésaïe 60.1

Dieu a promis :
- *Mais sur toi l'Éternel se lève, sur toi sa gloire apparaît* (verset 2).
- *Des nations marcheront à ta lumière et des rois à la clarté de ton aurore* (verset 3).
- *Tes fils arrivent de loin et tes filles sont portées sur les bras* (verset 4).
- *Quand les richesses sont détournées de la mer vers toi* (verset 5).
- *Quand les ressources des nations viendront vers toi* (verset 5).

Sa lumière, Sa Puissance, Sa présence, Sa Gloire

- *Ainsi que des dromadaires de Madian et d'Épha* (verset 6).
- *Ils viendront tous de Saba ; ils porteront de l'or et de l'encens* (verste 6).
- *Les troupeaux de Qédar se réuniront tous chez toi* (verset 7).
- *Les béliers de Nebayoth seront à ton service* (verset 7).
- *Ils seront offerts en holocauste sur mon autel et me seront agréables* (verset 7).
- *Car les îles espèrent en moi et les navires de Tarsis sont en tête, pour ramener de loin tes fils, avec leur argent et leur or, à cause du nom de l'Éternel, ton Dieu, du Saint d'Israël qui te fait resplendir* (verset 9).
- *Les fils de l'étranger rebâtiront tes murailles* (verset 10).
- *Et leurs rois seront à ton service* (verset 10).
- *Tes portes seront toujours ouvertes, elles ne seront jamais fermées ni le jour ni la nuit, afin de laisser entrer chez toi les ressources des nations et leurs rois à leur suite* (verset 11).

Dieu veut que son peuple soit riche, car la pauvreté n'est définitivement pas une bénédiction de Dieu. Nous devons briser la mentalité de pauvreté qui nous entrave et réaliser que Dieu veut nous donner le pouvoir de gagner la richesse afin que nous puissions bénir et faire avancer son royaume.

La Puissance pour Acquérir la Richesse

Il y a une onction spéciale pour les affaires qui est à notre disposition. J'en sais quelque chose puisque j'ai été en affaires pendant plusieurs années.

Quand j'ai été sauvé, je n'avais jamais été en affaires avant, mais le Seigneur a commencé à m'enseigner au sujet des affaires. C'est une chose que tout le Corps de Christ doit apprendre parce qu'il y a un important transfert de la richesse dans les jours qui viennent, une autorité pour les affaires pour le Corps, une onction pour les affaires, une puissance pour gagner la richesse. Ceux qui sont destinés à produire la richesse afin de bâtir le royaume sont à la veille d'émerger et des choses merveilleuses vont être libérées dans le Corps de Christ.

Certains disent que nous devons revenir au modèle de l'Église du premier siècle, mais je ne le pense pas. Dieu prépare l'Église du 21ième siècle. C'est l'Église qui prépare la seconde venue du Seigneur. C'est l'Église qui va récolter la plus extraordinaire récolte d'âmes, une récolte qui n'a jamais été enregistrée dans l'histoire du monde. Par conséquent, nous ferons beaucoup plus de choses que l'Église du premier siècle. Au premier siècle, ils avaient besoin de la puissance pour faire naître l'Église, et maintenant, nous avons besoin de la puissance pour terminer le travail. Le pouvoir de produire la richesse est inclus

Sa lumière, Sa Puissance, Sa présence, Sa Gloire là-dedans. Alors, qu'attendez-vous ? Commencez à combattre pour *Sa Lumière, Sa Puissance, Sa Présence, Sa Gloire.*

Père,
 Je te remercie que tu désires que nous prospérions autant que notre âme prospère. Je te remercie pour le pouvoir d'acquérir la richesse, pour l'onction pour les affaires et je prie que tu relâches cette onction sur nous, ton peuple afin que nous entrions dans la vision. Donne-nous des idées créatives, des concepts et des stratégies pour faire naître, bâtir, exceller et réussir. Donne-nous des rêves et des visions et des révélations pour tout accomplir pour ta gloire.
 Dans le nom puissant de Jésus,
 Amen !

— **Une pensée à retenir** —

UNE FOIS QUE VOUS AUREZ LA RÉVÉLATION AU SUJET DE LA SEMENCE ET DE LA RÉCOLTE, CELA VA CHANGER VOTRE VIE. DIEU A LIÉ LES LOIS SPIRITUELLES AVEC LES LOIS NATURELLES AFIN QUE NOUS SACHIONS QUE CECI EST UN PRINCIPE SPIRITUEL !

Chapitre 10

Né dans la Puissance

Jésus lui répondit : Vous êtes dans l'erreur, parce que vous ne comprenez ni les écritures, ni la puissance de Dieu.   Matthieu 22.29

J'ai mentionné dans le chapitre 7 comment j'ai été sauvé par la puissance de la Parole de Dieu. Ensuite, j'ai aussi mentionné dans un précédent chapitre que je me suis retrouvé dans un combat terrible. J'avais reçu une grâce abondante, mais il y avait une vraie guerre qui se produisait à l'intérieur de moi-même. Environ un mois et demi après avoir été sauvé, je criais à Dieu pour recevoir plus de puissance à cause de la bataille dans laquelle j'étais et c'est à ce moment qu'il m'a baptisé du Saint-Esprit sur le bord de la route. J'ai commencé à parler dans une langue que je ne comprenais pas.

En même temps que je parlais dans cet étrange langage, mon cœur criait pour avoir une interprétation. J'en étais venu à réaliser que j'avais besoin de ce baptême de feu, ce baptême de puissance et j'avais dit à Dieu, « Où est-il ? J'en ai besoin si je veux vaincre. »

C'est à ce moment que la même présence, qui était venue dans mon salon pour me sauver, est venue dans mon automobile, et j'ai commencé à pleurer encore une fois de manière incontrôlable. Je pleurais tellement fort que j'ai dû arrêter sur le bord de la route.

Je ne suis pas certain pour quelle raison, mais je suis sorti de l'automobile et la première chose que j'ai su, j'étais couché sur ma face, pleurant, au bord de la route. Ensuite, soudainement, je me suis entendu parler dans ce langage étrange sans aucune idée de ce que je disais.

Ensuite, j'ai entendu mon cœur me parler, et à travers lui, Dieu disait : « Il est le Roi des Rois et il est le Seigneur des Seigneurs. Il est le Commencement et il est la Fin. Il est le Premier et il est le Dernier. Il est l'Alpha et il est l'Omega. Il est la Racine et la Progéniture de David. Il est l'Étoile du Matin. Il est le Lion de la Tribu de Juda. »

Je ne savais rien de tout cela. J'étais né à nouveau depuis seulement quelques semaines et je venais juste de commencer à lire la Parole sérieusement. Mais mon esprit savait et le Saint-Esprit témoignait que Jésus était qui il dit être. Dieu me montrait que Jésus était assis à la droite du Père et qu'effectivement tout ce qu'il avait dit s'accomplirait. Alors, à partir de ce jour, tout ce que j'ai fait était de croire, avec la simplicité de ma foi, que Dieu ferait ce qu'il disait.

Comme je l'ai mentionné dans le chapitre 9, Dieu a ensuite commencé à agir dans ma vie, me donnant des rêves et des visions, m'enseignant comment faire au sujet des affaires. C'était un temps très excitant et ma foi grandissait par bonds.

Vingt ans ont passé, et je servais toujours le Seigneur, déclarant son nom. J'avais une émission de télévision dans laquelle je témoignais de temps en temps. La vérité, cependant, était que j'avais perdu mon zèle. J'avais perdu mon premier amour. A toutes fins pratiques, je rétrogradais. Il n'y a pas d'autres manières de le dire. Je marchais maintenant dans les rituels de la religion et de la vie d'église et j'étais devenu un peu moqueur.

Je me moquais de ce que je voyais dans l'église. Je disais : « Dieu, si je dirigeais une entreprise que tu m'as donnée de la manière que ces gens dirigent l'église que tu leur as donnée, je serais rapidement en faillite. » Heureusement, j'ai rapidement pris conscience de mon besoin et j'ai commencé à crier à Dieu. Il devait y avoir quelque chose de plus. Quelqu'un devait savoir quelque chose au sujet du réveil.

Un jour, je passais devant une petite église et j'ai noté qu'il y avait quelque chose au sujet du réveil sur l'enseigne à l'extérieur. Selon l'enseigne, le réveil devait commencer à 19h00 ce soir-là. Je me suis fait un devoir d'y être. J'avais besoin d'un réveil.

Il ne me fut jamais donné de voir ce que j'ai vu dans cette petite église. Les gens étaient partout sur le sol. Certains riaient, d'autres pleuraient, d'autres encore se roulaient par terre. Il y en avait qui couraient autour de la salle. Tout cela était très étrange pour moi. La première chose que j'ai su j'étais prostré sur ma face sur le plancher.

J'ignore combien de temps je suis resté par terre, mais lorsque je me suis levé j'ai vu un homme qui faisait le tour en imposant les mains sur diverses personnes et en priant pour elles. Il est arrivé à moi et voulait prier pour moi, mais je ne comprenais pas encore ce qu'était l'imposition des mains. Encore sans église, j'étais ignorant de tellement de choses. Pour dire la vérité, j'avais un peu peur de ses intentions.

Ce soir-là, après être revenu à la maison, je remerciais Dieu pour ce que j'avais vu et vécu. Même si tout était tellement nouveau pour moi, je savais que c'était la puissance de Dieu et la puissance de Dieu m'avait toujours fait du ministère. Alors que j'invoquais Dieu, il m'a dit : « Pourquoi n'as-tu pas laissé cet homme prier pour toi ? »

J'ai donné toutes les raisons auxquelles je pouvais penser, mais aucune n'a fait du sens. Éventuellement, le Seigneur a dit, « C'était simplement de l'orgueil ! L'Orgueil t'a privé de la bénédiction. »

Sa lumière, Sa Puissance, Sa présence, Sa Gloire

Je suis retourné à cette petite église le soir suivant, et le suivant, et j'ai continué à y aller. Les gens tombaient dans l'Esprit et des choses merveilleuses se produisaient, mais, chose surprenante, rien ne semblait m'arriver. J'étais comme un réfrigérateur, me tenant debout là. Mais chaque jour ma faim grandissait et la Parole de Dieu a commencé à devenir vivante pour moi et ma vie de prière est redevenue vivante aussi. Même si je ne tombais pas dans l'Esprit, l'Esprit de Dieu travaillait en moi et je changeais.

Peu de temps après, j'appris que le vrai réveil se produisait dans une église à Pensacola, en Floride. Un certain nombre de membres de cette petite église avaient commencé à se rendre en Floride pour vivre ce réveil. Quand j'en entendis parler, je fus très excité. Je faisais une sorte de retour, mais le combat que je vivais dans ma vie personnelle continua. Je savais que j'avais besoin encore plus de la puissance de Dieu, je souhaitais pouvoir assister à ce réveil.

Un matin, vers environ 6h30, j'étais assis à mon bureau et je me suis dit, « Je voudrais vraiment y aller, mais j'ai des entrevues à la télévision cette semaine et j'ai des rendez-vous d'affaires. » J'ai fait la liste de toutes les autres bonnes raisons pour lesquelles je ne pouvais pas y aller.

Autour de 8h30, les membres de mon équipe de service étaient tous partis à leurs assignations de travail, et soudainement ma secrétaire est entrée avec les messages de la journée. Au fur et à mesure que j'en prenais connaissance, j'étais étonné de constater que chaque rendez-vous qui avait été fixé pour la semaine à venir avait été annulé (7 rendez-vous en tout). Tous les rendez-vous. Cela n'était jamais arrivé avant.

Alors que je regardais les messages que la secrétaire avait placés sur mon bureau, j'ai entendu le Seigneur d'une manière très claire. Il a dit « Ok, gros bonnet, que vas-tu faire maintenant ? » J'ai décroché le téléphone et appelé mon agent de voyage afin qu'il me réserve un vol pour Pensacola.

Je ne connaissais personne à Pensacola et je ne savais pas quels étaient ceux de la petite église locale qui planifiaient d'aller au réveil. Alors, j'ai décidé d'y aller de mon propre chef et de louer une voiture et une chambre.

Quand ce fut le temps de partir et que j'ai embarqué à bord de l'avion, j'ai découvert que j'étais assis au milieu d'un groupe de la petite église. Quand je suis arrivé à l'hôtel que j'avais réservé indépendamment d'eux, j'ai appris qu'ils étaient tous autour de moi. Quand je suis allé à l'église le matin suivant et que je me suis placé en ligne, ils étaient tous là aussi. Nous étions tous tellement affamés.

Nous avions entendu parler des foules et des files d'attente à Brownsville Assembly of God Church, mais cela semblait difficile à croire à ce moment-là. Mais, nous y voici maintenant debout en ligne à environ 8 heures du matin, attendant le service de 7 heures le soir. Les gens étaient alignés sous des parapluies et nous devions nous débrouiller nous-mêmes pour le repas du midi.

Dès que les porte ouvraient, il ne fallait pas plus de quelques minutes pour que la salle soit remplie. Tout cela à cause de l'extraordinaire faim pour la présence de Dieu qui se manifestait dans cet endroit tous les soirs. C'était, effectivement, un puissant mouvement de l'Esprit de Dieu.

L'Église de Brownsville était logée dans un magnifique édifice, ils avaient une chorale magnifique, un leader de louange extraordinaire, et un grand évangéliste, Steve Hill. La prédication de Steve était très simple, mais elle était puissamment ointe.

Beaucoup de choses ont attiré mon attention pendant ce premier service. Premièrement, tous les jeunes gens ont couru à l'avant de l'église et commencé à danser devant le Seigneur aussi longtemps qu'a duré le service. Je n'étais certainement pas habitué de voir cela dans l'église.

Une autre chose frappante était une femme dans la chorale qui remuait ou secouait sa tête d'un côté à l'autre. Je me demandais comment elle pouvait encore penser après avoir fait cela pendant deux à trois heures. Il fallait que ce soit l'œuvre du Saint-Esprit. D'autres personnes tremblaient, dansaient ou tombaient dans l'esprit. Je ne sais pour quelle raison, mais c'est cette femme qui ressortait pour moi.

Né dans la Puissance

Lorsqu'un simple appel en avant a été fait ce soir-là, une jeune fille d'environ 15 ans a chanté « Running to the Mercy Seat », et des milliers de personnes ont couru vers le devant pour recevoir la prière. C'était une vision impressionnante.

Quand je suis revenu à ma chambre ce soir-là, j'ai remercié Dieu pour ce que j'avais vu et j'ai réfléchi à sa puissance. Je n'avais jamais rien vu de tel de ma vie. Le Seigneur m'a dit, « Pourquoi n'as-tu pas avancé ? »

J'étais étonné et j'ai essayé d'offrir des excuses, « Et bien ! Je suis correct et je vais bien depuis quelque temps. » Cependant, je savais que Dieu me confrontait et je me suis retrouvé sur ma face devant lui.

C'était comme si un écran de cinéma était apparu et je me suis vu dans des scènes de ma vie. Dans l'une d'elles, je gardais une rancœur contre une autre personne. Dans une autre scène, j'avais laissé un petit péché s'insinuer dans ma vie. Ce n'était pas grand-chose, mais le péché est une pente glissante. Le soir suivant, j'ai répondu à l'appel à l'autel et je l'ai fait le soir suivant et le suivant. Je n'ai jamais arrêté de répondre à cet appel pour devenir plus proche de Dieu.

Après avoir prié pour un moment devant l'autel le premier soir, je suis allé à la table de livres pour voir s'il y avait de bon livres, enregistrements et vidéos que je pourrais acheter. J'en ai fait une habitude par la suite. Il y a tellement à apprendre et nous devons apprendre de

Sa lumière, Sa Puissance, Sa présence, Sa Gloire

toutes les manières possibles. Des livres, des CDs et DVDs oints changent notre vie.

J'ai dit à la dame qui était en charge de la table de livre ce soir-là que j'avais besoin de matériel d'enseignement extraordinaire.

Elle a pointé un vidéo et m'a dit, « Ceci est pour vous monsieur. » C'était un enseignement sur la vie d'un aigle.

J'ai dit, « oui, c'est parfait. Je vais le prendre. » Mais, je pensais en moi-même, « Est-ce certain que c'est pour moi ? » Ce que cette dame ignorait est que j'avais été sauvé à travers la lecture de l'Évangile de Jean qui est souvent associé à l'aigle et que par conséquent, Dieu m'avait dit de nommer mes compagnies Eagle Systems, Eagle Monitoring, Eagle Security [and] Eagle Construction. Je n'avais pas réalisé à ce moment-là que l'aigle était le symbole du ministère du Prophète et de la prophétie.

J'ai payé pour la vidéo et je suis allé à ma chambre. J'ai regardé la vidéo dès que j'ai pu. Il était question de la joie de maman aigle et comment elle prépare son nid et Dieu m'a appelé au ministère pendant que je regardais ce vidéo. Il m'appelait à vendre mon entreprise, quitter l'endroit où j'habitais et déménager à Pensacola pour faire partie du réveil. Je l'ai fait parce que j'avais tellement faim de la puissance de Dieu.

Avant longtemps, j'ai rencontré Lila Terhune et commencé à apprendre ce qu'était la véritable intercession.

Jusque-là, je ne savais pas ce qu'était l'intercession. J'ai bientôt découvert que c'était mon principal don. Pour certains, cela ne paraît pas très excitant, mais chaque vrai prophète, avant de devenir prophète, doit devenir un intercesseur. La même chose est vraie pour un pasteur. Vous ne pouvez pas être appelé dans l'un des cinq ministères sans être d'abord un intercesseur. Vous devez avoir un cœur pour prier, intercéder, vous tenir dans la brèche et faire le lien. Dieu est en train de placer ses intercesseurs au premier plan.

Pendant que j'étudiais avec Lila Terhune, j'ai rencontré la dame qui avait attiré mon attention pendant qu'elle chantait dans la chorale. C'était une enseignante qui avait été impliquée dans un accident et qui avait reçu sa guérison au tout début du réveil. Par la suite, à chaque fois qu'elle était dans la présence de Dieu, elle secouait sa tête d'une manière incontrôlable pendant des heures. Ce signe m'a enseigné.

Tous les signes, prodiges et miracles m'enseignaient. Les dons de l'Esprit m'enseignaient. Le fait que la dame à la table de livre avait été assez prophétique pour me donner cette vidéo au sujet de l'aigle et sentir que j'en avais besoin pour être enseigné. C'est la vidéo en question que Dieu a utilisé pour m'appeler à quitter mon entreprise, ma maison, vendre ma propriété et déménager à Pensacola pour aller à l'École Biblique quand je ne connaissais personne dans cette ville. N'étais-je pas trop vieux pour aller à l'École Biblique ?

J'ai passé trois ans à Brownsville et quand j'ai quitté je pensais que j'allais commencer mon propre ministère. Au lieu de cela, Dieu m'a envoyé à Calvary Campground à Ashland, en Virginie, pour m'asseoir pendant des mois sous le ministère prophétique de Ruth Ward Heflin et de ma soeur en Christ, Jane Lowder.

Ashland était différent de Brownsville. À Brownsville, les gens venaient de partout dans le monde et il y avait une onction spéciale pour le salut. Le camp avait plutôt une onction prophétique. Les gens venaient là pour une raison très différente, à cet endroit, les dons de l'Esprit étaient manifestés et les signes et les prodiges se produisaient à chaque service. La poudre d'or apparaissait sur les croyants et l'huile sortait de leurs mains. C'est dans cette atmosphère que mes propres dons ont commencé à se développer.

Après ces mois à Ashland, Dieu m'a envoyé au Canada pour commencer une œuvre et j'étais déterminé à le faire dans sa puissance. Eagle Worldwide Ministries, Eagle Worldwide Retreat et revival Centre, Eagle Worldwide Network, la International Coalition of Prophetic Leaders et King's Way à Hamilton, Ontario sont tous un résultat de cette vision.

J'avais été attiré au départ par Brownsville et Ashland à cause de la puissance qui y était évidente et j'ai fondé notre ministère dans la même ligne de pensée. Alors, nous ne pouvons pas avoir moins de puissance aujourd'hui, nous devons aller à des niveaux plus profonds de la puissance de Dieu. Nous devons croire pour la puissance, aller là où la puissance est démontrée et combattre pour la puissance dans nos propres vies et nos ministères.

Le mouvement de l'Esprit de Dieu dans les temps de la fin en sera un de signes, de prodiges et de miracles. Il faut qu'il en soit ainsi afin que les hommes ne prennent pas le mérite et disent, « Mon programme, mon ministère ou mon enseignement a apporté cela. » Ce sera Christ et Christ seul. Cela arrivera uniquement par la puissance de l'Esprit de Dieu. Il ne faut rien de moins pour tourner nos nations et nos églises dans la bonne direction. Cela arrivera pour nous comme cela arriva pour l'Église primitive. Comme nous avons besoin de la gloire Shekinah, le cabod, la lourdeur de la merveilleuse présence et puissance de Dieu.

Tout mon cœur en cette saison est concentré à établir un lieu d'habitation pour le Seigneur, un lieu d'habitation pour sa présence et sa puissance. En lien avec ce désir, The Dwelling Place (Le lieu d'habitation) est le nom de notre église à Pensacola, un centre apostolique que nous avons été conduits à faire naître ces dernières années. The Dwelling Place est effectivement un lieu d'habitation pour la présence et la puissance de Dieu, une place où nous

Sa lumière, Sa Puissance, Sa présence, Sa Gloire

pouvons l'accueillir, le célébrer et le rencontrer dans toute sa gloire. C'est un endroit où les porteurs de flambeaux peuvent venir pour allumer leur feu et ensuite l'apporter dans les nations du monde.

Dans le Dwelling Place nous avons des gardiens de la flamme, des intercesseurs qui connaissent Dieu, connaissent sa voix et sa volonté. Nous avons de véritables adorateurs qui savent comment cultiver sa présence.

Quand Dieu m'a envoyé à Calvary Campground, j'ai lu le célèbre livre « Glory »[1] de Ruth Heflin, mais j'ai aussi vécu ce que je lisais. Ruth Heflin avait une puissante révélation de la manière d'accéder à la gloire et cela fonctionnait même si c'était simple. Les signes et les prodiges se manifestaient quand nous louangions jusqu'à ce que l'Esprit de l'adoration vienne, ensuite l'adoration jusqu'à ce que nous nous tenions dans la gloire. Plus la louange était élevée, plus profonde était l'adoration, plus grande était la gloire.

Les gens de Calvary Campground avaient non seulement la révélation de la puissance de Dieu, ils marchaient et vivaient dans cette dernière à chaque heure du jour. Par exemple, ils ne réunissaient pas leurs musiciens et leaders de louange pour pratiquer la musique pour un service (comme c'est la coutume dans la plupart des églises). Ils ne faisaient que chanter et jouer la musique que Dieu leur

---

1. Hagerstown, MD, McDougal Publishings: 1990

inspirait. Le fait était qu'ils louangeaient et adoraient Dieu avec authenticité et ils le faisaient jusqu'à ce qu'il manifeste sa présence au milieu d'eux.

Certains nous accusent de chercher la main de Dieu et non sa face lorsque nous insistons sur l'importance de voir la manifestation de sa puissance. C'est la chose la plus loin de la vérité. Nous le cherchons, lui, dans la louange et l'adoration. Nous ne cherchons pas seulement sa face, nous cherchons son cœur. Mais, sa main fait partie de sa présence aussi, alors nous cherchons, en effet, sa main.

Un soir que j'étais en prière et j'ai dit à Dieu, « Je ne cherche ne pas ta main, mais ta face. » Plus tard, ce soir-là, je priais pour que Dieu nous donne les moyens dont nous avions besoin pour le ministère, et il m'a montré que je cherchais effectivement sa main. En fait, je cherchais sa droite puissante, sa main de provision. J'ai très clairement entendu Dieu dire, « Oh, je pensais que tu n'étais pas intéressé par ma main », alors que je criais à lui en ce moment de besoin.

Il avait raison. Je n'avais pas juste besoin de sa face, j'avais besoin de sa main ; j'avais besoin de lui. J'avais besoin de provision pour la vision qu'il m'avait donnée à travers une révélation et je suis certain que vous avez eu ce genre d'expérience. Il est Celui qui nous donne la puissance d'acquérir la richesse et il importe peu de quelle partie de lui on la reçoit. Nous lui donnerons toute la gloire

Sa lumière, Sa Puissance, Sa présence, Sa Gloire

pour elle et l'utiliserons sagement pour les objectifs du royaume, pour étendre et faire avancer son plan. C'est ce que font ceux qui sont appelés à acquérir la richesse pour bâtir le royaume.

Je voulais plus que sa face et je l'ai eu. Maintenant, je ne me contenterai de rien de moins. Sa présence n'est pas suffisante pour moi. Je veux aussi voir sa puissance. J'ai besoin de sa puissance pour vaincre. J'ai besoin de sa puissance pour avoir du succès dans tout ce que je fais pour lui. J'ai besoin de sa puissance pour gagner la bataille qui fait rage dans notre chair. Je ne peux pas accomplir le travail qu'il m'a confié dans ma chair. Sa Parole est très claire à ce sujet :

> *Confie-toi en l'Éternel de tout ton cœur, et ne t'appuie pas sur ton intelligence ; reconnais-le dans toutes tes voies, et c'est lui qui aplanira tes sentiers.*
>
> Proverbes 3.5-6

Je ne veux jamais être coupable de m'être appuyé sur ma propre intelligence. Je veux plutôt toujours m'appuyer sur la puissance de Dieu, ses dons, son appel sur ma vie, le don de la grâce qu'il m'a donné, l'onction de son Esprit, la puissance de son soutien qu'il m'a si gracieusement imparti, afin que je puisse travailler dans le surnaturel et non dans le naturel.

Ce n'était pas la prédication élaborée qui a fait ressortir

Né dans la Puissance

Azusa Street, c'était la démonstration de la puissance de Dieu dans cet humble environnement. C'est la simplicité de la présentation accompagnée de la puissance de Dieu qui a gardé Calvary Campground au centre du déversement de Dieu depuis plus de soixante ans. On ne peut compter le nombre d'hommes et de femmes ordinaires que cette simplicité a transformés en puissants guerriers du royaume.

Êtes-vous déterminés à devenir une flamme de Dieu dans les jours futurs ? Alors, il est temps de combattre pour *Sa Lumière, Sa Puissance, Sa Présence, Sa Gloire.*

> **Père,**
>
> **Libère à nouveau dès maintenant, je te prie, ta puissance sur les vies de mes frères et sœurs. Seigneur, que tu impartisses le don des miracles et le don de la foi dans leurs vies afin qu'ils marchent dans la dimension surnaturelle, dans les signes, les prodiges et que les miracles les accompagnent. Fais qu'ils guérissent les malades, délivrent les captifs, guérissent les cœurs brisés et témoignent de toi, le seul vrai Dieu vivant. C'est cela le pouvoir de la prophétie.**
>
> **Dans le nom de Jésus,**
> **Amen !**

— **Une pensée à retenir** —

CE N'ÉTAIT PAS LA PRÉDICATION ÉLABORÉE QUI A FAIT RESSORTIR AZUSA STREET, MAIS LA DÉMONSTRATION DE LA PUISSANCE DE DIEU DANS CET HUMBLE ENVIRONNEMENT !

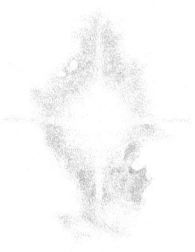

Chapitre 11

Va dans la Force que tu as

L'Éternel se tourna vers lui et dit : va avec cette force que tu as, et tu sauveras Israël de la main de Madian : n'est-ce pas moi qui t'envoie ?
Juges 6.14

J'ai parlé de Gédéon un peu plus tôt dans ce livre, mais je dois faire plus de place à cette extraordinaire histoire. Gédéon, qui est l'un des premiers juges d'Israël et un leader militaire très respecté, n'a pas toujours été aussi puissant. Il avait un sérieux problème lorsqu'il était un jeune homme. Son problème provenait du fait qu'il ne croyait pas en lui-même. Il se voyait comme quelqu'un de faible et un échec. Mais, chose surprenante, Dieu lui dit, « *Va avec la force que tu as.* » Wow ! Dieu voyait Gédéon d'une manière très différente de celle dont il se voyait lui-même.

Sa lumière, Sa Puissance, Sa présence, Sa Gloire

Vous et moi regardons souvent nos ennemis comme le firent les hommes que Moïse avait envoyé pour espionner le territoire de Canaan. Ils connaissaient la promesse de Dieu et ils ont vu que le territoire regorgeait de lait et de miel. Ils ont vu les fruits impressionnants. MAIS, ils ont aussi vu comment grands étaient les ennemis et comment petits ils se voyaient selon leurs propres yeux. Parfois, nous laissons nos problèmes, situations, épreuves, tribulations et persécutions sembler très grands selon nos propres yeux et nous nous voyons tellement petits. Dieu essaie de nous donner un autre regard.

L'histoire de Gédéon commence avec la nouvelle que la tribu des maraudeurs connus comme étant les Madianites avait envahi le territoire, volé tout ce qui avait de la valeur et avait laissé les Israélites dans la détresse. Gédéon se demandait comment il allait nourrir sa famille. Ensuite, dans un temps de détresse extrême, Dieu est venu lui parler :

> *L'Ange de L'Éternel lui apparut et lui dit : L'Éternel est avec toi vaillant héros ! Gédéon lui dit : Ah ! mon seigneur, si l'Éternel est avec nous, pourquoi tout cela est-il arrivé ? Et où sont tous ses prodiges que nos pères nous racontent, quand ils disent : L'Éternel ne nous a-t-il pas fait monter hors d'Égypte ? Maintenant l'Éternel nous abandonne et nous livre entre les mains de Madian !* Juges 6.12-13

Va dans la Force que tu as

Vous êtes-vous déjà senti ainsi ? N'avez-vous jamais dit, « Dieu, si tu es vraiment avec moi, pourquoi cela m'arrive-t-il ? » La plupart d'entre nous l'ont dit. En réalité, Gédéon ne faisait que partager avec le Seigneur ce qu'il y avait dans son cœur. Il avait entendu, de ses pères, les histoires des miracles que Dieu avait faits pour les délivrer de l'Égypte. Mais où était Dieu maintenant ? Cela semblait être une question légitime.

C'est à ce moment que Dieu a prononcé ces paroles surprenantes : « *Va avec cette force que tu as, et tu sauveras Israël de la main de Madian : n'est-ce pas moi qui t'envoie ?* » Quoi ? Est-ce que cela faisait du sens ?

Cela ne faisait pas de sens pour Gédéon. Il s'objecta en disant qu'il était de la plus faible tribu et qu'il était lui-même le membre le plus faible de la tribu. Alors, comment tout cela pouvait vraiment arriver ? Dieu lui a dit d'aller avec la force qu'il avait. Il était clair que ce n'était pas suffisant, mais si Gédéon obéissait, Dieu allait par la suite le fortifier et il irait dans la puissance de Dieu. « *Ne t'ai-je pas envoyé ?* ». Si Dieu nous envoie, nous pouvons alors faire tout ce qu'il commande parce qu'il va aussi nous fortifier.

Dans les trois ou quatre dernières années, je suis passé par plusieurs épreuves, ainsi que plusieurs autres qui sont à la limite prophétique de ce que Dieu fait. A certains moments, je dois l'admettre, je pensais, « Dieu,

Sa lumière, Sa Puissance, Sa présence, Sa Gloire

pourquoi est-ce que je traverse tout ceci ? Quel est le but ? Où est ta puissance pour faire des miracles ? Où sont toutes les choses qui ont été enseignées ? Nous sommes tous humains et nous traversons ces moments. Et Dieu dit encore, « Va avec la force que tu as et je vais accomplir des prodiges pour toi ! »

Il y a cinq ans, j'ai appris que j'avais un lymphome au stade quatre et que je devais recevoir beaucoup de traitements. Plus tard, j'ai subi un autre régiment de traitements. Au milieu de tout cela, le Seigneur a ouvert des portes et j'ai voyagé pour faire du ministère dans beaucoup d'endroits. J'étais hésitant face à ces invitations. Je me sentais tellement faible. Comment pourrais-je y aller ? Je me suis souvenu de ses paroles à Gédéon, « *Va avec la force que tu as. Ne t'ai-je pas envoyé ?* » Ces paroles m'ont soutenu. Si Dieu l'a dit, il va le faire.

Je veux toujours être celui qui est envoyé et non celui qui se présente. Quand je suis envoyé, je peux y aller, même dans ma faiblesse et il va se montrer fort pour moi. C'est dans mes moments les plus faibles que la puissance et la présence de Dieu ont été les plus réelles dans ma vie. J'ai vu la puissance de Dieu se déployer au cœur de la faiblesse autant au niveau personnel qu'au niveau corporatif.

Il y a des temps où vous ne pouvez simplement pas regarder à ce qui est en surface. Vous devez savoir que

Va dans la Force que tu as

Dieu vous a envoyé et que sa main est sur vous. Vous devez entendre sa voix, « Va avec la force que tu as. » Dieu a dit à Gédéon :

L'Éternel lui dit : Mais je serai avec toi et tu battras Madian comme un seul homme.   Juges 6.16

Wow ! Cela semble trop beau pour être vrai. Gédéon a demandé un signe à Dieu. Parfois, nous avons peur de faire cela. Dieu sera sûrement fâché avec nous si nous lui demandons un signe. Mais, il n'était pas fâché avec Gédéon et il lui a montré le signe qu'il a demandé.

Oh, bien-aimés, présentement, plus que jamais, je suis affamé et je dois chercher le cœur de Dieu pour les signes, les prodiges et les miracles, pour les dons du Saint-Esprit. C'est la puissance de Dieu qui se manifeste, devenue réelle, afin que les gens puissent y goûter et s'y abreuver. C'est pourquoi les gens viennent dans nos églises de partout dans le monde. Ils ne viennent pas uniquement pour entendre de bonnes prédications ou de la bonne adoration ou de la bonne musique. Ils viennent pour goûter la puissance et la présence du Dieu vivant. Ils viennent pour voir les dons de l'Esprit en opération, la puissance de transformation de la prophétie qui est relâchée.

Oui, ils veulent entendre la Parole de Dieu et cette Parole va changer leur pensée et leur cœur. Mais, ils

Sa lumière, Sa Puissance, Sa présence, Sa Gloire

viennent d'abord pour la puissance de Dieu ! Ils ne viennent pas pour une personne et ils ne viennent pas en vacances. Ils ne dépensent pas six mois de salaire pour traverser la moitié de la planète, des Indes ou de l'Afrique, juste pour être divertis. Ils viennent pour goûter la puissance et la présence de Dieu !

Comme le Seigneur l'avait dit, Gédéon est allé vaincre Madian et devenir un grand leader en Israël, et vous pouvez accomplir ce que Dieu vous a appelé à faire. Comment ? Par la foi. Nous prophétisons selon notre foi (voir Romains 12.6), nous accomplissons des miracles et guérissons les malades par la foi, et nous chassons les démons par la foi. Nous ne pouvons, cependant, pas le faire seul. Il est impératif de reconnaître que Dieu est avec nous et qu'il nous a commissionnés pour accomplir ses œuvres.

Oui, l'espérance de la gloire habite en nous et la puissance qui a ressuscité Jésus-Christ des morts est active dans nos vies aussi.

Nous avons la puissance du Dieu Tout-Puissant. Jésus a dit ;

> *Tout pouvoir m'a été donné dans le ciel et sur la terre.* Matthieu 28.18

Alors, il avait toute la puissance. Ensuite, il a fait une déclaration surprenante :

Va dans la Force que tu as

Allez, faites de toutes les nations des disciples, baptisez-les au nom du Père, du Fils et du Saint-Esprit, et enseignez-leur à garder tout ce que je vous ai prescrit. Et voici, je suis avec vous tous les jours, jusqu'à la fin du monde. Matthieu 28.19-20

Par ces paroles, Jésus nous a transféré sa puissance et son autorité et commissionnés d'aller et d'accomplir les mêmes œuvres que lui lorsqu'il était sur la terre. La puissance est toujours en lui, mais nous avons pleinement accès à cette puissance. Il est temps d'activer notre foi et de commencer à accomplir les œuvres de Dieu.

Il m'arrive souvent de ne pas avoir une parole pour une personne au moment où je m'apprête à prier pour elle. Je commence à lui faire du ministère par la foi et la parole dont ils ont besoin vient à moi. L'onction apporte ce dont nous avons besoin au moment où nous en avons besoin.

Il n'y a qu'un des dons du Saint-Esprit qui est appelé le don de la foi, mais chaque don de l'Esprit opère par la foi. Qu'est-ce que je veux dire par là ? Je veux dire que vous avez besoin de suffisamment de foi pour toucher le cœur de Dieu et il fait le reste.

Josué était à l'arrière-plan lorsque Moïse était le leader d'Israël. Il était reconnu comme étant le serviteur fidèle de Moïse et il a pu transmettre les messages de Moïse au peuple à certains moments. Pour le peuple il y a eu un

Sa lumière, Sa Puissance, Sa présence, Sa Gloire

vide au niveau du leadership lorsque Moïse est mort. Cependant, Dieu savait qu'il avait son homme. Il a dit à Josué :

> *Moïse, mon serviteur, est mort ; maintenant, lève-toi, traverse le Jourdain que voici, toi et tout ce peuple, en direction du pays que je donne aux Israélites. Tout lieu que foulera la plante de votre pied, je vous le donne, comme je l'ai dit à Moïse : Vos frontières s'étendront depuis le désert et le Liban que voici, jusqu'au fleuve, le fleuve de l'Euphrate, tout le pays des Hittites et jusqu'à la grande mer, au soleil couchant. Nul ne tiendra devant toi, tous les jours de ta vie. Je suis avec toi comme j'ai été avec Moïse ; je ne te délaisserai pas, je ne t'abandonnerai pas.*
>
> Josué 1.2-5

Il n'y avait aucun doute dans la pensée de Dieu, mais peut-on en dire autant pour Josué ? Dans les deux versets suivants, Dieu lui a dit deux fois : « *Fortifie-toi et prend courage* » (Josué 1.6). « *Seulement fortifie-toi, aie bon courage* » (Josué 1.7). Dieu était prêt à utiliser Josué comme il l'avait fait avec Moïse, mais Josué devait croire pour activer la puissance et prétendre à la position de leadership.

Gédéon devait faire de même. Il pouvait vaincre les Madianites et tous les autres peuples dont le nom se terminait par « ites », s'il combattait avec la même puissance de Dieu que Moïse et Josué avaient saisie. Heureusement, il l'a fait et le reste est historique. Oh, puissions-nous recevoir un nouveau baptême de puissance aujourd'hui afin d'être capables d'aider le peuple de Dieu d'aller de l'avant dans les jours à venir. Nous sommes dans les jours de rafraîchissement. Prenez-en avantage pour être prêts pour la bataille.

Quand cette gloire est descendue dans la Chambre Haute à Jérusalem et que ce groupe hétéroclite de pêcheurs et de collecteurs de taxes furent remplis de l'Esprit, ils sont sortis dehors et ont immédiatement commencé à accomplir les œuvres du royaume. La même chose va nous arriver à mesure que la noirceur envahit la terre et les gens. La gloire de Dieu va venir sur nous et la puissance va être relâchée à travers nous.

Comment pouvez-vous être prêts pour ce qui s'en vient ? Commencez à passer plus de temps dans la présence de Dieu. Commencez à remplir vos cœurs avec ses promesses. Commencez à combattre pour la foi qui avait été donnée aux saints. Ayez faim de Dieu et poursuivez-le.

La bénédiction est garantie pour tous ceux qui ont faim de lui. Demandez à Dieu d'augmenter votre faim de lui et ne soyez pas surpris par la suite par les épreuves et les tests qui vont se produire. Ne soyez pas surpris si la désespérance vous submerge. C'est dans votre désespé-

Sa lumière, Sa Puissance, Sa présence, Sa Gloire

rance que vous allez mieux connaître le Dieu de toute puissance.

Qu'attendez-vous ? Combattez aujourd'hui pour *Sa Lumière, Sa Puissance, Sa Présence, Sa Gloire.*

Père,

Je te remercie pour l'Esprit de pouvoir, d'énergie, de force et de puissance pour vaincre nos ennemis et nos faiblesses et nos manquements. Je lie tout esprit de peur et d'insécurité dans le nom de Jésus et que nous nous voyions à travers tes yeux. Élève-nous dans la confiance que nous avons en toi. Nous savons dans nos cœurs que tu seras avec nous, et que nous pouvons faire toutes choses par et à travers toi. Nous te donnerons toute la gloire, tout l'honneur et toute la louange.

Dans le nom de Jésus
Amen !

―― **Une pensée à retenir** ――

JÉSUS NOUS A TRANSFÉRÉ SA PUISSANCE ET SON AUTORITÉ ET NOUS A COMMISSIONNÉS D'ALLER ET D'ACCOMPLIR LES MÊMES ŒUVRES QU'IL A ACCOMPLIES LORSQU'IL ÉTAIT SUR LA TERRE !

Chapitre 12

La Tribu des Affamés

Jésus entra dans Jéricho et traversa la ville. Alors un homme du nom de Zachée qui était chef des péagers et qui était riche cherchait à voir qui était Jésus ; mais il ne le pouvait pas, à cause de la foule, car il était de petite taille. Il courut en avant et monta sur un sycomore pour le voir, parce qu'il devait passer par là. Luc 19.1-4

Zachée est l'un des personnages de la Bible que je préfère. Il était de ma tribu, la tribu des affamés. Il était un homme riche, mais il était aussi petit et cela semblait le complexer. Il voulait tellement voir Jésus qu'il a grimpé à un arbre, ignorant toute forme de dignité, ne se préoccupant pas de ce que les gens pourraient dire. Êtes-vous autant affamés, de voir le Seigneur aujourd'hui, que vous devriez l'être ? Rien d'autre ne pourra changer nos nations. Seulement la présence et la puissance de Dieu de lui-même y arrivera.

L'histoire continue :

> *Lorsque Jésus fut arrivé à cet endroit, il leva les yeux et lui dit : Zachée, hâte-toi de descendre ; car il faut que je demeure aujourd'hui dans ta maison. Zachée se hâta de descendre et le reçut avec joie. À cette vue, tous murmuraient et disaient : Il est allé loger chez un homme pécheur. Mais Zachée, debout devant le Seigneur, lui dit : Voici, Seigneur : Je donne aux pauvres la moitié de mes biens, et si j'ai fait tort de quelque chose à quelqu'un, je lui rends le quadruple. Jésus lui dit : Aujourd'hui le salut est venu pour cette maison, parce que celui-ci est aussi un fils d'Abraham.* Luc 19.5-9

Zachée s'est-il mis en danger en grimpant à cet arbre ? Il a peut-être déchiré ses beaux vêtements ou s'est sali ? Si oui, cela n'avait aucune importance. La seule chose qui lui importait à ce moment-là était que Jésus arrivait et il avait entendu de grandes choses à son sujet et il voulait le voir et le connaître.

Cette action a interpellé Jésus puisqu'alors qu'il passait, il s'est soudainement arrêté et a regardé exactement cet arbre. Quelque chose avait attiré son attention. Il y avait de nombreux arbres et de nombreuses personnes tout le long de cette route, mais Jésus s'est arrêté et a regardé cet arbre en particulier, cet homme en particulier et lui a parlé : « *Zachée, hâte-toi de descendre ; car il faut que je demeure aujourd'hui dans ta maison.* »

Ceci soulève beaucoup de questions. Comment Jésus connaissait-il le nom de Zachée ? Pourquoi l'a-t-il remarqué parmi la foule ? Était-ce inhabituel pour lui de s'inviter chez quelqu'un pour y passer la nuit ? Peu importe le cas, Jésus allait à la maison de Zachée.

Zachée était enchanté, mais je me demande si certains d'entre nous le seraient aussi. Penserions-nous que notre maison est trop modeste pour recevoir le Seigneur des Seigneurs ? Serions-nous inquiets de ne pas pouvoir suffisamment le divertir ? Jésus va dans la maison où les gens ont faim de lui.

Zachée n'était pas un homme parfait. Les autres le savaient et ont critiqué Jésus parce qu'il allait dans la maison d'un pécheur. Soudainement, Zachée aussi a pris conscience qu'il était un pécheur (comme cela arrive en présence du Seigneur), et il a juré de corriger tous les manquements qu'il avait commis. Jésus a répondu, « *Aujourd'hui le salut est venu pour cette maison.* »

Vous et moi avons besoin de devenir tellement affamés pour Dieu, pour sa présence et pour sa puissance que nous tirons sur l'onction de Dieu comme la femme

La Tribu des Affamés

qui perdait son sang et qui a touché Jésus avec sa foi et sa faim. La faim et la foi ont tiré après l'onction ce jour-là. Jésus a senti la puissance, la bonté, l'onction sortir de lui, et la femme fut guérie.

Avant que Jésus retourne au ciel, il a instruit ses disciples :

> *Et voici, j'enverrai sur vous ce que mon Père a promis, mais vous, restez dans la ville, jusqu'à ce que vous soyez revêtus de la puissance d'en haut.*
> Luc 24.49

Combien de temps devaient-ils attendre ? C'était indéfini. « *Restez jusqu'à…* » Ces gens avaient des familles, des responsabilités et pourtant ils sont restés là et ont attendu jusqu'à ce que l'Esprit vienne sur eux le jour de la Pentecôte. Qu'est-ce que cela veut dire ? Cela veut dire qu'ils avaient faim pour plus. Certains d'entre eux avaient marché avec Jésus, mangé avec lui, écouté ses enseignements. D'autres avaient senti son toucher et été guéris ou délivrés par lui. Peu importe le cas, ils en voulaient tous plus et ils sont restés là jusqu'à ce que vienne ce qu'ils attendaient.

Comme les prophètes de l'Ancien Testament, construisez un autel dans votre cœur et invitez ensuite la présence et la puissance de Dieu. Bâtissez ces autels

Sa lumière, Sa Puissance, Sa présence, Sa Gloire

dans vos lieux de travail, dans vos écoles et dans vos usines. Qu'il se produise une circoncision de votre cœur et que ce soit un lieu où Dieu est toujours bienvenu et où il peut habiter.

Jésus savait de quoi ses disciples avaient besoin et c'était la puissance pour témoigner et pour changer les situations. Il leur a dit d'attendre dans la Chambre Haute jusqu'à ce qu'ils l'aient reçue.

Jean Baptiste était au sommet de sa notoriété lorsqu'il a déclaré ceci :

> *Moi, je vous baptise dans l'eau, en vue de la repentance, mais celui qui vient après moi est plus puissant que moi, et je ne mérite pas de porter ses sandales. Lui vous baptisera d'Esprit Saint et de feu.*   Matthieu 3.11

Certains étaient satisfaits avec le baptême dans l'eau de Jean, mais d'autres cherchaient le plus Grand qui viendrait et pour le baptême du Saint-Esprit et le feu qu'il apporterait. Qu'en est-il de vous ? Avez-vous faim de plus de Dieu, pour plus de sa puissance et de sa présence ?

Les disciples de Jésus allaient devoir bâtir l'Église à partir de rien. Ils ont commencé avec 120 personnes inconnues. Il n'y avait que des Hébreux dans la Chambre

La Tribu des Affamés

Haute. Il n'y avait pas un seul gentil parmi eux. Comment donc pourraient-ils apporter un revirement dans les nations et bouleverser le monde ? Il n'y avait aucun théologien parmi eux. Ils étaient des pêcheurs et des collecteurs de taxes. Ils étaient des gens ordinaires comme vous et moi. C'est l'onction du Saint-Esprit qui est venu sur eux qui leur a donné la puissance de faire naître et bâtir l'Église du premier siècle. Et, nous avons besoin de la même puissance aujourd'hui, en ce vingt- et-unième siècle, pour entrer la plus grande récolte jamais vue jusqu'à maintenant. Nous avons besoin de cette puissance pour vaincre l'ennemi et se tenir victorieux devant Dieu.

Dieu est pratique et il veut nous rendre puissants, nous rendant ainsi capables de gagner, de vaincre et cela ne peut se produire qu'à travers la puissance du Saint-Esprit. Avez-vous faim pour plus de Dieu ?

Il y a quelque chose que j'ai vu lorsque je suis allé à Calvary Campground la première fois et que je voulais désespérément. J'ai vu des personnes qui étaient capables de travailler toute la journée, de servir ceux qui venaient et on pouvait ensuite les voir sur la plateforme le soir, louangeant et adorant pour terminer en faisant du ministère très tard dans la soirée.

Ils étaient debout très tôt le matin suivant pour prier et travailler et ils ont fait cela jour après jour pendant

Sa lumière, Sa Puissance, Sa présence, Sa Gloire

plus de 10 semaines chaque été. Ils assistaient à trois services par jour tout en accomplissant beaucoup d'autres tâches qui leur étaient confiées. Il arrivait souvent qu'ils n'avaient aucune pause. Cela ne m'a pas pris beaucoup de temps pour dire à l'une des sœurs « Il y a une puissance ici que je n'ai pas et c'est de cette puissance dont j'ai besoin. Qu'est-ce que c'est ? » J'avais une faim pour cette puissance.

Elle m'a dit, « C'est le pouvoir de la puissance » et m'a dirigé vers Ésaïe 11.1-2. C'était le même Esprit qui avait été sur Jésus lui-même. (Incidemment, parmi les sept personnes qui m'ont le plus influencé à cette époque, cinq étaient des femmes. J'ai pensé que c'était remarquable.) J'ai cherché Dieu jusqu'à ce que je sois certain d'avoir reçu ce dont elle m'avait parlé. Je vous en dirai plus à ce sujet dans mes conclusions. Êtes-vous prêts à combattre pour *Sa Lumière, Sa puissance, Sa Présence, Sa Gloire* ?

Père,

Je te crois pour une onction de puissance pour guérir les malades et chasser des démons. Ta puissance nous donne la capacité d'accomplir des œuvres plus grandes. C'est la puissance pour faire une différence, pour

gagner, pour surmonter les obstacles et les influences dans nos vies. Je crois en ta puissance parce que je suis un résultat de ta puissance, un résultat de l'imposition des mains.

Dans le nom de Jésus,
Amen !

Une pensée à retenir

JÉSUS SAVAIT QUE SES DISCIPLES AVAIENT BESOIN DE LA PUISSANCE, LA PUISSANCE DU SAINT-ESPRIT, LA PUISSANCE POUR TÉMOIGNER, LA PUISSANCE POUR CHANGER LES SITUATIONS !

Chapitre 13

La Puissance pour Vaincre

Puis un rameau sortira du tronc d'Isaï, et le rejeton de ses racines fructifiera. L'Esprit de l'Éternel reposera sur lui : Esprit de sagesse et d'intelligence, Esprit de conseil et de vaillance, Esprit de connaissance et de crainte de l'Éternel.

Ésaïe 11.1-2

C'est le verset que m'a donné cette sœur dont j'ai parlé à la fin du chapitre précédent. Elle ajouta que cela était arrivé à Jésus, mais que lorsque le même Esprit qui est venu sur Jésus vient sur toi, le résultat sera le même : sagesse, compréhension, conseil et vaillance, connaissance et crainte de l'Éternel.

Jésus a répondu à sa mère que son temps n'était pas encore venu lorsqu'elle parla du vin lors de la noce. Ensuite, soudainement, l'Esprit est venu sur Jésus et il

Sa lumière, Sa Puissance, Sa présence, Sa Gloire

a changé l'eau en vin. À partir de ce moment, tout ce qu'il a fait était miraculeux. L'Esprit du Seigneur était venu sur lui lorsqu'il fut baptisé par Jean, mais maintenant il venait d'être oint pour le service. Et Dieu va faire la même chose pour vous. Une fraîche onction de feu va venir sur vous si vous avez faim et combattez pour l'avoir.

Présentement, il est possible que vous traversiez des épreuves et des tribulations, mais allez en présence du Seigneur, il va rapidement recharger vos batteries. Peu importe ce qui arrive et peu importe comment vous vous sentez, allez en sa présence et il va vous donner la puissance pour vaincre tout cela. Dès le moment où vous venez en présence de Dieu avec la louange et l'adoration, sa puissance vient sur vous pour vous apporter un temps de rafraîchissement. Vous allez immédiatement expérimenter la sagesse, le conseil et la crainte de l'Éternel.

Le manque d'une saine crainte de l'Éternel est la raison pour laquelle le péché est si répandu dans le corps de Christ aujourd'hui. Lorsque l'Esprit du Seigneur vient sur nous dans les saisons de rafraîchissement, l'un des résultats est le renouvellement de la crainte de l'Éternel. Cela signifie que nous sommes à nouveau révérencieux envers Dieu. Cela ne signifie pas que nous avons peur de lui. Cela veut dire que nous le vénérons.

La Puissance pour Vaincre

Pierre a écrit aux églises :

> *Et qu'il envoie celui qui vous a été destiné, le Christ Jésus. C'est lui que le ciel doit recevoir jusqu'aux temps du rétablissement de tout ce dont Dieu a parlé par la bouche de ses saints prophètes d'autrefois.* Actes 3.20-21

C'est la saison dans laquelle nous sommes présentement. Dites à ceux qui vous demandent dans quelle saison nous sommes que c'est la saison de la restauration de toutes choses. Tout ce qui a été perdu au long des siècles est restauré en préparation de la deuxième venue de Christ. Dieu restaure les cinq ministères, les dons spirituels et leur puissance dans le Corps. Il restaure tout ce qui a été volé. Nous verrons Jésus revenir lorsque toutes choses seront restaurées.

Comment la restauration de toutes choses peut-elle se produire ? Cela ne peut venir qu'à travers un rafraichissement de la puissance et de la présence du Seigneur.

Il y a beaucoup de personnes qui fuient l'église ces jours-ci. Nous avons besoin de quelque chose pour les ramener et la seule chose qui puisse le faire est la puissance et la présence de Dieu. J'entends des personnes prêcher contre l'Église, et lorsque j'entends cela je veux les corriger. Notre Seigneur est follement amoureux de Son Église. Ne vous rendez pas coupable de parler contre elle.

Oui, il y a des problèmes dans l'église, mais cela ne change pas l'amour que Dieu a pour son Église.

Votre dénomination n'est pas « l'Église. » Votre assemblée n'est pas « l'Église. » Votre édifice n'est pas l'Église. Nous, les enfants de Dieu, sommes l'Église. Retrouvez tous ceux qui ont fuient l'Église et parlez-leur de la saison de rafraichissement de Dieu. Encouragez-les à revenir afin qu'ils puissent goûter à la puissance et la présence du Seigneur et qu'ils soient restaurés en toutes choses. Il en est à redonner la puissance et la gloire à l'Église afin que nous puissions accomplir les œuvres plus grandes dont il a parlées dans Jean 14 :

> *En vérité, en vérité, je vous le dis, celui qui croit en moi fera, lui aussi, les œuvres que moi je fais, et il en fera de plus grandes, parce que je m'en vais vers le Père.*   Jean 14.12

Vous et moi devons divorcer des politiques de l'église et revenir aux œuvres plus grandes que nous devons accomplir. Certains n'aiment pas parler au sujet des œuvres. Pour moi, c'est comme commander de la pizza. En tant que bon Italien, j'aime ma pizza avec

La Puissance pour Vaincre

« les garnitures. » De la même manière, j'aime voir les œuvres dans la dimension de l'Esprit. J'aime voir les signes, les prodiges et les miracles. J'aime la démonstration du Saint-Esprit. J'aime la démonstration de la puissance de Dieu. J'aime le voir à l'œuvre dans la vie des gens, les transformant. Je veux les voir se faire secouer jusqu'à ce que le « non-sens » sorte d'eux.

Toutes les attaches charnelles qui sont en nous tombent lorsque le feu de Dieu tombe par la puissance et la présence de l'Esprit. Nous ne pouvons venir à lui avec nos trophées et nos plaques. Aucun montant d'argent ne peut ouvrir le chemin qui mène en sa présence. Aucun niveau d'éducation ne peut nous qualifier. Nous nous tenons à nu devant lui. Lorsque vous vous tiendrez devant lui tous vos accomplissements dans la chair ne signifieront rien. Tout sera consumé par son feu.

Pensez à Jean qui est devenu le révélateur des temps futurs. Le fait qu'il soit banni et envoyé sur l'île de Patmos constituait une punition, une sentence de mort. La vie sur cette île au milieu de nombreux criminels ne devait certainement pas être agréable. Au lieu de se concentrer sur la difficulté de sa situation, Jean est entré dans l'Esprit du jour du Seigneur et quelque chose de fantastique a commencé à se produire.

Jean avait beaucoup de raisons pour rester dans la chair. Il avait vu plusieurs de ses compagnons se faire tuer - couper la tête et être pendus à des croix la tête en bas. Il avait lui-même été sévèrement persécuté. On pense qu'il vivait dans une grotte en compagnie d'hommes sans scrupule, mais c'était le jour du Seigneur et il décida d'entrer en Esprit et hors de la chair.

A peine était-il entré en Esprit qu'il vit la plus grande révélation de Jésus-Christ jamais rapportée. Recherchez-vous une révélation ? Alors, sortez de la chair et entrez dans l'Esprit. Commencez à peser ce que fait votre cœur. Dieu lui-même pèse les cœurs des hommes et les cœurs des nations. Il sait ce qui est chair et ce qui est Esprit. Quand son feu tombe, la seule chose qui reste est ce qui est né dans l'Esprit. Tout le reste sera consumé.

Encore une fois, dans Jean 14, Jésus a dit :

Croyez-moi, je suis dans le Père, et le Père est en moi. Sinon croyez à cause de ces œuvres.
Jean 14.11

Vous pouvez ne pas croire qui je suis disait-il, mais pourriez-vous au moins croire mes œuvres ? C'est de voir les œuvres de Dieu qui va faire naître la foi dans les cœurs des hommes et des femmes partout, la foi qui change une vie !

Jésus a continué :

La Puissance pour Vaincre

Et tout ce que vous demanderez en mon nom, je le ferai, afin que le Père soit glorifié dans le Fils.

Jean 14.16

Nous savons que Jésus a guéri les malades et les boiteux et il le fit pour glorifier le Dieu d'Israël. Il devint célèbre à travers tout le territoire parce qu'il chassait les démons et guérissait les malades et le nom du Dieu d'Israël était glorifié ! Tout cela se produisait parce que la puissance et la présence de Dieu était relâchée, et nous avons besoin de cette même puissance aujourd'hui,

Lorsque j'étais pécheur, je ne comprenais pas la Parole de Dieu et il m'a pourtant sauvé. Comme je l'ai mentionné antérieurement, je comprenais ce que la puissance représentait et je savais que j'en avais besoin. J'avais besoin de la puissance du Saint-Esprit pour vaincre les problèmes de la vie et dépendances que j'affrontais. Je remercie Dieu parce que j'ai trouvé la puissance dans sa croix, sa résurrection, son sang qui fut versé pour moi, son nom, son esprit, sa Parole et sa présence.

Après quarante années, je vois, maintenant, plus que jamais à quel point j'ai besoin encore plus de sa puissance. C'est la puissance pour gagner, pour changer, pour vaincre, pour sauver, pour guérir, pour délivrer,

Sa lumière, Sa Puissance, Sa présence, Sa Gloire

pour acquérir la richesse. La puissance et la présence de Dieu, les deux pourvoient à mes besoins. J'ai besoin des deux et l'un ne va pas sans l'autre pour moi. Vous joindrez-vous à moi pour combattre pour *Sa Lumière, Sa Puissance, Sa présence, Sa Gloire* ?

Notre Père qui est aux cieux,
   Je libère sur tous ceux qui lisent ce livre, la prière apostolique de Paul dans Éphésiens 1.17-19 :

« Que le Dieu de notre Seigneur Jésus-Christ, le Père de gloire, vous donne un esprit de sagesse et de révélation qui vous le fasse connaître, qu'il illumine les yeux de votre cœur, afin que vous sachiez quelle est l'espérance qui s'attache à son appel, quelle est la glorieuse richesse de son héritage au milieu des saints, et quelle est la grandeur surabondante de sa puissance envers nous qui croyons selon l'action souveraine de sa force.

Maintenant, en conclusion, je recommande, en accord avec ce verset dans le livre de Habaquq, que vous répondiez à votre appel et assumiez votre fonction. Et je vous verrai dans la gloire.

Car la terre sera remplie de la gloire de l'Éternel comme les eaux recouvrent le fond de la mer.
Habaquq 2.14

C'est maintenant le temps de voir l'accomplissement de cette parole prophétique des temps de la fin du prophète Habaquq. C'est le temps de la moisson. Il y a eu un énorme changement dans l'Esprit. Nous sommes à un tournant, un point de basculement, un *kairos*, le moment particulier choisi par Dieu pour l'accomplissement de son dessein !

Le Seigneur libère une révélation fraîche de sa puissance et de sa présence, « Sa gloire », pour récolter et complètement entrer dans la glorieuse moisson. Les porteurs de sa révélation vont se lever et être envoyés avec des faucilles en or dans leurs mains et le feu dans leurs cœurs. Ils ont été préparés « *pour un temps comme celui-ci.* »

Nous sommes à l'orée de voir un mouvement de Dieu sans précédent qui va balayer les nations avec une armée ointe pour l'évangélisation et un fardeau pour les âmes. Ils vont comprendre qu'il y a une aisance dans la gloire qui va les conduire dans la victoire. *C'est la*

Sa lumière, Sa Puissance, Sa présence, Sa Gloire

Puissance pour Gagner. Cela va inclure un transfert de la richesse et la libération de la puissance pour acquérir la richesse. Oui, la gloire de cette dernière maison sera plus grande que celle de la première. Cela va se réaliser dans cette génération.

> *Car ainsi parle l'Éternel des armées : Une fois encore, et dans peu de temps, j'ébranlerai le ciel et la terre, la mer et la terre ferme ; j'ébranlerai toutes les nations ; les biens les plus enviables de toutes les nations viendront, et je remplirai de gloire cette Maison, dit l'Éternel des armées. L'argent est à moi et l'or est à moi. Oracle de l'Éternel des armées. La gloire de cette dernière Maison sera plus grande que celle de la première dit l'Éternel des armées : Et c'est dans ce lieu que je donnerai la paix, Oracle de l'Éternel des armées.*
>
> Aggée 2.6-9

Que Dieu vous bénisse ainsi que votre famille !

Amen !

―― **Une pensée à retenir** ――

DÈS QUE JEAN ENTRA EN ESPRIT, IL SE TOURNA ET VIT LA PLUS GRANDE RÉVÉLATION DE JÉSUS-CHRIST JAMAIS RAPPORTÉE !

LA PAGE POUR CONTACTER L'AUTEUR

Vous pouvez contacter l'auteur de la manière suivante :

Par Courriel :
bro.russ@eagleworldwide.com

Par Téléphone :
+1 905 308 9991

Par la poste :
PO Box 39
Copetown ON L0R1J0
Canada

Sur facebook:
facebook.com/eagleworldwide
facebook.com/russ.moyer.52

En visitant le siteweb :
www.EagleWorldwide.com

TRANSFORMATION

Impact
...your Christian Walk

- Days of War & Roses
- Night Watch
- Living on the Prophetic Edge
- Razing Hell
- Leading on the Prophetic Edge
- Can These Bones Live?
- Just to Ponder not to Preach

$15 *Each

Visit our Online store www.EagleWorldwide.com for more resources

EAGLE WORLDWIDE RETREAT & REVIVAL CENTRE

SUMMER CAMP TENT REVIVAL

July through August
8 Powerful Weeks of Revival
Every Night @ 7:00pm

Specialty Schools
School of the Prophets
School of Freedom and Healing
School of the Supernatural

Location: 976 Hwy 52 Copetown ON L0R 1J0
Call for more details 905 308 9991
www.EagleWorldwide.com

WINTER CAMP REVIVAL GLORY

February/March
10 Powerful Days of Revival Glory
Every Night @ 7:00pm

Specialty Schools
School of the Prophets

The Dwelling Place
7895 Pensacola Blvd Pensacola FL 32534
Call for more details 850 473 8255
www.TheDwellingPlaceChurch.org

EAGLE WORLDWIDE NETWORK

CREDENTIALING & SPIRITUALLY COVERING

Ministers
Marketplace Ministers
Traveling & Itinerant Ministers
Missionaries
Churches
Church Networks
Home Churches
Outreach Ministries
And more...

GOVERNING OFFICIAL
PASTOR MAVE MOYER

NETWORK COORDINATOR
PASTOR JOANNA ADAMS

CREDENTIALS AVAILABLE

Certified Practical Minister
Licensed Minister
Ordained Minister

OFFICE@EAGLEWORLDWIDE.COM

INTERNATIONAL COALITION OF PROPHETIC LEADERS

THE INTERNATIONAL COALITION OF PROPHETIC LEADERS is an alliance of fivefold ministers operating in the office gift of the Prophet, from Ephesians 4:11-12, who have chosen to walk in covenant relationship with one another and in alignment with the apostolic movement.

Our primary interest is the restoration of the office gift of the Prophet and the gift of prophecy to the church with character, integrity and proper biblical protocol.

APOSTOLICALLY LED & PROPHETICALLY INFLUENCED

ICPLeaders.com

EAGLE WORLDWIDE
COMMUNITY ENRICHMENT
The KING'S WAY

Our dedicated team of volunteers work together to provide...
Hot Meals
Clothing
Toiletries & Basic Household Items

We also provide quality programming designed to

EMPOWER & EQUIP
individuals to have a better quality of life and make a

POSITIVE IMPACT i
n their community.

The King's Way
649 King Street East
Hamilton . ON . L8N 1E5

Centre   905 296 9473
ALifeAtATime.com

TRANSFORMING OUR COMMUNITY
A LIFE AT A TIME!

www.ingramcontent.com/pod-product-compliance
Lightning Source LLC
LaVergne TN
LVHW041613070426
835507LV00008B/222